化学项目学习的思考与实践

黄燕宁　著

山西出版传媒集团　山西教育出版社
·太 原·

图书在版编目（ＣＩＰ）数据

化学项目学习的思考与实践／黄燕宁著. — 太原：
山西教育出版社，2025.3
（项目学习进行时／蔡可主编）
ISBN 978-7-5703-0312-0

Ⅰ. ①化…　Ⅱ. ①黄…　Ⅲ. ①中学化学课—教学研究
Ⅳ. ①G633.82

中国版本图书馆 CIP 数据核字（2018）第 298984 号

化学项目学习的思考与实践
HUAXUE XIANGMU XUEXI DE SIKAO YU SHIJIAN

策　　划	王　媛	
责任编辑	姚吉祥	
复　　审	闫果红	
终　　审	彭琼梅	
装帧设计	王靖越	
印装监制	蔡　洁	

出版发行　山西出版传媒集团·山西教育出版社
　　　　　（太原市水西门街馒头巷 7 号　电话：0351-4729801　邮编：030002）
印　　装　太原市长江孚来印刷制版有限公司
开　　本　720 mm×1 020 mm　1/16
印　　张　12
字　　数　139 千字
版　　次　2025 年 3 月第 1 版　2025 年 3 月山西第 1 次印刷
书　　号　ISBN 978-7-5703-0312-0
定　　价　42.00 元

如发现印装质量问题，影响阅读，请与出版社联系调换。电话：0351-4729588

序
XU

　　随着课程教学改革的不断推进，以"做中学"、成果导向为特征的项目学习在许多地方备受关注。项目学习不只是教学方式方法的变化，更在于知识观的转型。项目作为开展学习的依托，聚焦学科大概念和学科整合，将点上的知识贯通起来，强调知识的完整性、系统性及其之间的联系。

　　修订后的新课标提出核心素养，注重个体在解决复杂的现实问题过程中表现出来的综合能力与情意态度。教学目标要求从掌握学科知识转向通过知识达到素质的养成；项目学习正是强调个体在解决真实复杂问题的能力的养成。

　　项目学习与知识的碎片化学习、"堂堂清"不同，更需要考虑的是知识点之间的联系与整合，课与课之间的衔接；与知识局部深入的应用不同，更需要考虑的是统整式的问题解决。教学重点要聚焦知识的迁移运用，教学进程设计要将核心知识融入典型任务中，引导问题解决。

在教学中要以学生为主体，引导学生自主学习、自动探究。一是教师要善于发现学生自主学习中解决不了的问题、典型的疑难问题，通过讲解、交流、深入研讨，解决问题；二是教学要启发和拓展学生的思维，引领学生进行思路整理，帮助学生迁移，并在实践过程中习得新知识。

"项目学习进行时"丛书的出版，把项目学习理念转化为具体的学科教学实践，为教师将项目学习运用在课堂教学中提供相应的专业建议，同时也给广大教育研究及实践工作者提供了更精准的指导与支持。希望本书问世后，有更多的教育工作者能尝试项目学习，为激发学生和教师的创造力提供更为广阔的空间！

2024 年 5 月

目　录

第一章　认识项目学习

第一节　项目学习概述／3

一、什么是项目学习／3

二、项目学习的特征／7

三、项目学习与其他教学方法的区别与联系／10

第二节　项目学习与化学课程改革／14

一、当前中学化学课程改革的目标和任务／14

二、项目学习对落实化学课程目标的意义和价值／19

第二章　项目学习的设计

第一节　确定项目主题 / 25

一、学科核心概念是项目主题的源泉 / 25

二、根据学科核心概念发展阶段设定项目主题 / 30

第二节　设计项目任务与活动 / 34

一、设计有驱动性的任务或问题 / 35

二、确定关键学习活动 / 40

三、设计有价值的项目成果 / 44

第三节　设计评价方案 / 49

一、评价指标设计 / 49

二、评价工具开发 / 54

第三章　项目学习的实施

第一节　项目导引的教学 / 67

一、项目导引的教学功能 / 68

二、项目导引的设计与实施 / 75

第二节　项目学习的组织与调控策略 / 81

一、保证自主学习的发生 / 81

二、创设合作学习氛围／83

三、即时反馈与及时调整／84

四、运用整合的思想／89

五、重视项目成果的展示／92

第三节　利用互联网开展项目学习／93

一、互联网在项目学习中的功能／93

二、利用互联网开展项目学习时的常见问题／100

第四章　**项目学习中的教师**

第一节　作为项目学习的开发者／107

一、以终为始，重在全局规划／107

二、创新素材，追求成果质量／112

三、引入技术，形成多元整合／120

第二节　作为项目学习的指导者／124

一、把学生作为项目伙伴／124

二、把握学生的关键进阶／132

三、让特别的孩子有特别的发展／140

第五章　项目学习案例

案例一　自制特色皮蛋——科学实验基础／149

案例二　从自然界获得食盐——混合物与纯净物／161

案例三　自制化学电源给手机充电／174

后记／182

第一章

认识项目学习

◉▸ 第一节
项目学习概述

一、什么是项目学习

项目学习的英文缩写为 PBL（Project Based Learning），直译过来就是基于项目的学习。那么什么是项目，怎样的学习是项目学习呢？

案例与活动1

初中化学教学中有"二氧化碳的实验室制法"这个学习内容，你打算如何教授呢？

以下是几位老师的教学方式，你会选择哪一种？

方式A　教师介绍二氧化碳的制备原理，一边操作演示，一边讲解实验装置、气密性检验方法，以及试剂添加、气体检验、气体收集、验满等一系列操作。在教师指导下，学生详细记录笔记。

方式B　教师带学生来到实验室，先让学生回忆哪些方法可以得到二氧化碳，并从中选择可以用于制备的方法；然后让学生根据确定的制备原理选择实验装置，并尝试制出二氧化碳；接下来让学生总结制备思路、过程和操作方法；最后让学生根据制备的需要（如连续大量使用二氧化碳）改进实验装置，并交流展示。

　　方式 C　教师给学生布置任务：制作一个简易灭火器。学生分小组讨论设想，交流时教师着重追问"如何完成这个任务？需要思考哪些问题？"经过讨论，这个任务被分解为以下几个问题：怎样才能灭火（答案可能有：二氧化碳、水、冷的东西、能够覆盖火源隔离空气的物质），怎样才能获得灭火的材料（转化为怎样才能获得二氧化碳或者二氧化碳和水的混合物），怎样才能让二氧化碳随用随有。对问题逐一解决的过程，就是对二氧化碳性质、制法学习的过程。每个小组在学习的过程中不断完善简易灭火器的制作方案，做出成品，小组间进行自制灭火器比赛，内容包括灭火器是否方便存放，使用是否简便，灭火效果如何（通过 20 秒内可以灭掉几根蜡烛确定）。

　　上述案例中，方式 A 以讲授法为主，教师详细讲解知识点，学生以获取具体知识为学习目的。方式 B 以实验探究法为主，教师提出探究问题和学习要求，学生主动探索并解决问题，学习的目的既包括具体的知识内容和操作技能，更强调了思路方法的梳理外显和实践应用，在装置改进环节还有对创新能力的培养。方式 C 属于项目学习，学生以小组为单位，要完成简易灭火器的制作和比拼，所有的学习活动是为了更好地完成任务。在这个项目活动中，学生调用的知识比前两种教学方式更丰富，对思路方法的运用要求更高，基于核心思路的创新是必不可少的，小组合作、组间交流也是学生必备的能力。可见，项目学习是一种调动学生学习需求，由学生驱动，为了完成项目任务主动获取知识、运用方法的学习过程。教师在学生学习过程中根据学生的进展情况适当地抛出问题，提供资源，给予支持。

项目学习中的项目通常是一个问题或任务。问题或任务最好由学生选定，当然也可以由教师提出，但必须是学生愿意研究的问题或承担的任务。根据课程标准等教学要求，项目问题或任务要承载核心知识、方法、价值观等内容。也就是说项目问题或任务要与核心概念、重要观点有关，在问题解决或任务完成的过程中，学生需要主动获取和利用相关知识，形成思路方法，在决定问题解决路径时体现价值观的选择。项目学习过程中学生以小组为单位开展学习活动。项目任务一般是真实复杂问题，学生需要分工合作共同完成任务，但对于如何分工，怎样完成任务，任务完成的标准如何，需要学生们共同讨论。项目学习过程中，小组学生的共同工作和组间交流分享会占用较多教学时间，以保证学生能够充分地表达观点、借鉴思想和反思评价，促进学生深度学习能力和高级思维能力的发展。可见，与一般的探究教学和引入真实情境的教学相比，项目学习的主题通常更具有社会意义，更需要团队合作，学习者对研究主题的认识角度更丰富，对知识的运用、内涵以及价值的理解都更为深刻。

项目学习的历史悠久。16世纪晚期，意大利的建筑和工程教育活动就已经兴起，当时意大利的建筑师在圣卢卡艺术学院的教学过程中，会单独为优秀的学生提供一些具体而有挑战性的任务，使他们创造性地运用所学知识完成任务，这便是项目学习的雏形。到了18世纪末期，项目学习开始由欧洲移植到了美国，建筑学发展到了工程学，这也促进了项目学习的发展。到了20世纪初，美国教育家杜威正式提出了"做中学"思想，他认为教育即生活，最好的教育就是"从生活中学习、从经验中学习"，儿童有做事的愿望,"做中学"会让学习更生动且具有文化意义①。杜威从学习心理学和教育学角度创立了"项目教学法",并强调了学生要在教师的指导下完成项目。随后杜威的学生克伯屈基于杜威的理论,于1918年在哥伦比亚大学师范学院学报上发表的《项目教学法在教育过程中有目的的活动的应用》一书中对项目进行了一个明确的定义:项目是一个"在特定的社会环境中所发生的需要参与者全身心投入的有计划的行动。他认为每一种学生明显是有意进行的行为,都可以称为一个项目,而项目的流程通常包括目标、计划、实施、评价等四个阶段"。正是从此时开始,项目学习受到关注并发展起来。

项目学习的理论源头不仅仅是杜威的观点,它跟很多我们所熟知的教育家的观点相吻合。例如,皮亚杰是建构主义的鼻祖,他认为儿童是在与周围环境相互作用的过程中,逐步建构起关于外部世界的知识,从而使自身认知结构得到发展。儿童与环境的相互作用涉及两个基本过程:"同化"与"顺应"。同化是指个体把外界刺激所提供的信息整合到自己原有认知结构内的过程;顺应是指个体的认知结构因外部刺激的影响而发生改变的过程。②认知个体(儿童)就是通过同化与顺应这两种形式来达到与周围环境的平衡,并在"平衡——不平衡——新的平衡"的循环中不断地得到丰富、提高和发展。建构主义强调以学生为中心,基于情境的学习和协作学习。项目学习恰恰具备了这一系列特点,通过小组合作完成真实任务,学生为了完成任务而掌握学习节奏,推动学习发生。

---

① 袁振国.当代教育学[M].北京:教育科学出版社,1998.

② 谢弗.发展心理学:儿童与青少年:第六版[M].邹泓,等译.北京:中国轻工业出版社,2005.

20世纪70年代，项目学习成为国际职业教育课程改革的主要趋势。近年来，随着我国基础教育课程改革的深入，项目学习逐渐被关注，越来越多的教师尝试用项目学习开展教学。

二、项目学习的特征

项目学习最大的特征就是它独特的问题导向或者说是项目任务导向机制。项目任务及拆解出的系列问题给学生提供了有效学习情境，为学生参与真实实践活动，培养真实问题的解决能力和实践技能提供了空间。任务或问题的挑战性也极大地促进了学生学习的主动性，是激发学生好奇心、保持学生学习兴趣的源泉。很多时候，项目学习以调研活动为起点，通过主题调研和调研后的研讨，学生不断发现、聚焦、抽提出需要解决的问题，设定为项目目标。在问题解决过程中，学生要规划学习进程，并不断梳理反思问题解决的过程和影响因素，这实际上是发展学生的元认知能力。项目学习给了学生解决现实生活问题的机会，让学生在行动过程中反思，促进知识重组。

案例与活动2

"自制灭火器"这个项目可以作为初中以二氧化碳为主题的学习任务，也可以作为别的主题的学习任务。

如果在学习高中选择性必修《化学反应原理》中"盐类的水解"时设置这个任务，你认为学生针对这个项目会提出哪些需要研究的问题？项目学习进程会是怎样的？设置怎样的评价标准才能促进学生在项目完成过程中实现学习目标？

下面的观点供你参考：

学生可能提出这些问题：哪些方法可以获得二氧化碳？这些方法中，哪种可以提供更好的灭火条件（如：更快更多的二氧化碳或者除二氧化碳外的其他灭火条件）？什么样的装置可以使反应按需发生并最大限度地制造灭火条件？

评价标准应该包括以下几方面：装置灭火效果、对装置灭火原理的解读、装置外观和使用便利性、学生在小组合作中的参与度与贡献度等。

项目学习的第二个特征是形成项目产品。项目学习不仅要有问题解决过程和项目任务，还要有一个具体的、可以呈现的、可以评价的项目产品。项目产品可以是一个实物，如自制的灭火器、自酿的果酒；可以是一件作品，如表达某种观点的微视频或校园剧；也可以是一项策划或活动，如策划并实施一场社区宣传；还可以是一份研究报告，如关于城市污水处理方案的调查报告；甚至可以是一场辩论，如我国该不该发展电动汽车。构建一个具体的项目产品会促使学生从整体上认识项目学习过程，了解各个步骤之间的关系，理解具体知识在问题解决中的价值。项目产品的制作过程为教学中的各种交流提供了载体。学生在产品制作过程中遇到的难题就是本次项目学习需要攻克和解决的问题，也是学生和教师交流的重要切入点。教师通过观察学生活动和了解学生困惑可以发现学生在知识储备和知识运用中的优势和不足，把握学生的态度和价值观。学生完成任务时的组内合作、展示成果时的组间交流都是学生之间互相借鉴、激发创意的好途径。

项目学习的第三个特征是整体性、结构化的学习。我国学科课程标准中的内容标准虽然已经主题化，但是教师往往只关注具体学习内容而忽视内容之间的关系，教学中习惯一个知识点一个知识点地教，通常只有到总结复习时才会帮助学生建立知识之间的联系，而在项目学习中学生进行项目拆解和问题分析时就已经体会到知识之间的关系和运用知识的方法。例如，在"自制灭火器"项目中，学生运用碳元素守恒的核心概念去寻找身边、自然界和实验室中各种含碳物质，找到这些物质转化为二氧化碳的方法，然后分析这些方法是否适合迅速制备二氧化碳，进而考虑用怎样的装置进行制备。在这个项目学习过程中，学生自然而然地建立了"元素→物质→物质转化→物质用途→制备方法"等一系列知识之间的关系，体会到基于元素守恒寻找物质转化路径的思路、选择制备原理的基本原则，以及设计实验装置和实验操作的基本方法。学生在项目学习过程中学到的不是几个具体的知识点，而是一组关联的知识和方法。如果学生在制作灭火器时还能考虑到使用废旧材料更环保，根据灭火需求控制二氧化碳释放量以支持低碳行动，这是价值观的发展。

项目学习的第四个特征在于项目学习的主体是学生，而教师只是促进者、指导者、支持者。在项目学习中，学生必须解决问题、完成任务、形成成果。也就是说，学生是项目学习的实际控制者。学生学习什么、何时学习由任务的进程决定，学习内容就是学生的需求。教师选择学习方向，引导学生提出问题或确定项目任务。当学生明确了项目问题或任务，并确定最终项目成果评价方案后，学生就要承担项目完成的责任，实际上也是学习责任。教师组织学生拆解问题或项目，制定项目完成方案。项目方案的具体内容由学生集体决定，执行过程由各组学生自主完成。教师根据各组学生项目进展情况，给予个别指导或组织班级讨论。学生根据评价方案评价自己和他人的学习成果，互相借鉴，形成反思。必要时教师指导学生提炼核心知识、方法，落实学习成果。

项目学习的第五个特征是跨学科跨领域知识的交叉。项目学习的问题或任务通常来源于现实生活，属于真实复杂问题，而真实复杂问题一般是无法通过单一学科解决的，学生需要整合多种学科知识综合分析，并将知识整合应用于实践。在项目学习过程中，学生可以体验到知识概念和现实社会互动的真实性，体会知识价值。

三、项目学习与其他教学方法的区别与联系

还有一些教学方式和学习方式，如问题解决、主题学习、综合实践活动、探究学习等，和项目学习有一定的相似性，这些教学方法与项目学习的联系和区别是怎样的呢？

基于问题的学习方式（Problem Based Learning）和项目学习的英文缩写是一样的，都是PBL。基于问题的学习是针对一个问题进行解释或解决的教学过程，这个问题通常是某种现象、某个事件或某些观点。这个问题对学生而言是有挑战性的，原有的知识、经验不足以支持学生解决问题，因此学生需要在问题解决过程中确定学习目标，并通过学习目标的达成从而解决问题。这种学习方式的直接目标是获得对现象、事件、观点的解释，更深层次的目标是在问题解决过程中获取新的知识和方法。可见，基于

问题的学习和项目学习相比，共同点都是以问题为出发点，都是以学生为主体，都是在问题解决过程中完成学习目标，所以两种教学方式有很大的相似性。不同的是，基于问题的学习只要求学生完成问题解释获得知识，而在项目学习中解释问题不是最终目标，解释问题后还要有问题解决方案甚至是方案实施的结果这样的项目产品。例如，"解释泡沫灭火器为什么能灭火"属于基于问题的学习，"制作简易灭火器"属于项目学习。粗略地说，基于问题的学习可以看作是项目学习的一部分。

主题学习是教学中聚焦某个主题，对主题的多角度认识和学习。学习主题通常以日常生活或者社会现象为背景，使学习过程情境化，驱动学生的学习。学习主题可大可小，内容多种多样，在教师的指导下，学习者可以自由地选择相关素材，开展主题探究活动。例如，燃烧主题，学生可以探讨燃烧条件，可以研究不同物质在燃烧过程中的作用，可以设计改进灶具等家用燃具，还可以研究不同燃料的热值，以及燃烧的环保问题等；汽车主题，学生可以研究汽车的材料、汽车的燃料、新能源汽车、汽车尾气问题等。主题教学可以以一个学科为主，如主要从化学学科知识出发组织学习材料，但是以单一学科为主时，要强调学科、技术与社会的关系，理解学科知识在社会生活中的应用方式，感受知识的鲜活存在。主题教学还可以整合不同学科的学习，如汽车主题，除了研究前述与化学相关的问题外，还可以研究汽车的速度、外形、安全性、舒适性等可能与物理、生物学科有关的问题。主题学习引入真实的生活情境，利用丰富的素材激发学生的学习兴趣，学生在学习中可以通过实践理解学习内容，这些与项目学习相似。但主题学习中并不主要依靠学生的自主性，也可能是教师主导的学习。另外，主题学习是以具体内容学习为目标，不强调知识整合重组后解决问题，也不要求一定要有产品，这一点也与项目学习不同。

综合实践活动有三个要素：一是活动性，是以学生为主体的教育活动；二是实践性，学生在真实情境中进行社会化活动或模拟社会生产活动，获得真实可靠的实践经验；三是综合性，在真实情境中利用多种工作方式完成多个主题的多种活动任务。综合实践活动不强调强烈的、明确的、具体的学习目标，只是有主题领域和大致的目标方向，学生在活动中的收获主要由学生个体感悟、反思的程度决定。2001 年我国教育部发布文件，确定从小学至高中设置综合实践活动并作为必修课程，其内容主要包括：信息技术教育、研究性学习、社区服务与社会实践、劳动与技术教育。综合实践活动作为独立的课程形态，是一种经验性课程，该课程以主题的形式整合课程资源，强调学生在课程中的主体作用，强调通过实践增强学生探究和创新意识，学习科学研究的方法，发展综合运用知识的能力。综合实践活动和项目学习一样也强调情境的真实性、学生的主体性，但是在学习目标上不像项目学习要求的那样清晰明确，而且也不要求学生一定要有成果。项目学习可以是综合实践活动的一种方式。

在中学化学教学中探究学习是一种常见的教学方式。科学探究是课程标准规定的化学学科主要的学习方式，也是化学学科重要的学习内容。科学探究的实质是证据推理的思维方式，是在探究问题、猜想假设、实验方案、现象证据、实验结论间建立起严谨的逻辑关系。作为学习方式，科学探究的主体是学生，学生通过科学探究活动，基于充分的证据确认新的知识，掌握新的技能。作为学习内容，学生需要学习将真实问题转化为化学问题，了解化学问题类型和特征，掌握实验设计的思路和方法，具备实验技能，正确观察实验现象、收集实验证据，形成结论并论证结论的严谨性和合理性。要想掌握作为学习内容的科学探究，也需要以学生为主体，让学生在实践中体会方法，形成技能。在化学课程中通过科学探究应该达到三个目的：获取科学知识、形成科学思维、发展实验探究技能。项目学习离不开科学探究，项目学习过程中拆分的每一个具体问题和任务都是通过一个又一个探究活动来完成，探究活动获得的观点、结论和阶段性成果构成了项目学习的最终成果。

⊙ 第二节
项目学习与化学课程改革

　　课程改革是教育界不会停止的话题。每一次教育理念的更新、教育政策的调整都会带来课程的变革，从课程理念到课程管理，从课程结构到课程内容都会发生相应的变化，课程的实施方式也会随之改变。

一、当前中学化学课程改革的目标和任务

　　化学课程是基础教育课程的重要组成部分。基础教育的根本任务是立德树人，促进学生全面而有个性的发展，培养有理想、有本领、有担当的时代新人。基础教育课程要提升学生综合素质，发展学生核心素养，使学生具有理想信念和社会责任感，具有科学文化素养和终身学习能力，具有自主发展能力和沟通合作能力。

　　具体而言，义务教育化学课程性质为：义务教育化学课程作为一门自然科学课程，具有基础性和实践性，对落实立德树人根本任务、促进学生德智体美劳全面发展具有重要价值。义务教育化学课程有利于激发学生对物质世界的好奇心，形成物质及其变

化等基本化学观念，发展科学思维、创新精神与实践能力，养成科学态度和社会责任，为学生的终身发展奠定基础。

高中化学课程标准的课程性质为：普通高中化学课程是与义务教育化学或科学课程相衔接的基础教育课程，是落实立德树人根本任务、发展素质教育、弘扬科学精神、提升学生核心素养的重要载体；化学学科核心素养是学生必备的科学素养，是学生终身学习和发展的重要基础；化学课程对于科学文化的传承和高素质人才的培养具有不可替代的作用。

义务教育化学课程和普通高中化学课程都以学科核心素养的发展作为课程目标。义务教育化学课程培养的核心素养包括：化学观念、科学思维、科学探究与实践、科学态度与责任。普通高中化学学科核心素养包括：宏观辨识与微观探析、变化观念与平衡思想、证据推理与模型认知、科学探究与创新意识、科学态度与社会责任。

义务教育化学课程培养的核心素养和普通高中化学学科核心素养之间是前后衔接、一以贯之的。义务教育阶段和高中阶段都从学科知识与观念、学科的思维方法、学科实践活动、学科价值观等方面描述化学学科核心素养。义务教育阶段的学科知识与观念主要是建立对物质和变化的基本认识，包括物质由元素组成，构成物质的微粒有分子、原子等，其结构决定性质；化学变化的本质是原子的重新组合，化学变化遵循一定规律，并需要一定条件等。高中阶段学科知识与观念发展到更系统地从宏观辨识与微观探析层面认识物质世界，从定性、定量的物质变化与能量变化多角度系统构建变化观念，并动态平衡地认识化学反应规律，认识化学变化是可调控的。

义务教育阶段的化学学科思维主要体现为一般的科学思维和方法，兼顾化学学科特点。主要包括：依据事实证据进行逻辑推理，建构认知模型；运用比较、分类、分析、综合、归纳的科学方法；发展质疑、批判能力和创新意识，形成研究物质及其变化规律的思路方法。高中阶段更明确了发展基于化学实验和事实的证据推理，建立观点、证据、结论间的严谨系统逻辑关系，以及构建表达研究对象的本质特征、构成要素及其相互关系的认知模型，以揭示现象的本质和规律。

义务教育阶段和高中阶段的学科实践活动都是科学探究活动。化学课程要给学生提供实验探究、基于化学学科知识方法的真实问题解决和成果制作等实践活动，并在问题解决过程中发展信息获取与加工能力，技术应用和工程设计能力，以及分工协作、沟通交流等能力。在解决真实情境问题和完成综合实践活动中不仅发展学生的能力，还培养了学生坚持不懈、求真务实等优良品格，高中阶段要求学生更自主、更严谨、更完整地完成探究实践活动，还要求学生在实践活动中发展创新意识和能力。

化学课程也承载着培养正确价值观的重任。基于化学学科培养学生对物质世界的好奇心和探究欲，培养学生尊重科学事实，遵守科学伦理，具备安全知识、环保意识，理解可持续发展的重要价值。无论是义务教育阶段还是高中阶段，都要鼓励学生关注与化学有关的社会热点问题，做出正确的价值判断，增强学生为实现中华民族伟大复兴和推动社会进步而勤奋学习化学的责任感。

从课程性质和课程目标可以看出，义务教育阶段和高中阶段化学课程都需要在以下方面进一步推进和转型：

从具体化学知识学习向以学科观念统领的知识体系建构转

型。化学是研究物质的组成、结构、性质、转化及应用的一门基础学科，具有庞大的学科体系、不同层次的学科分支、丰富的知识内容。课程标准构建了模块化、主题化的课程内容体系，规定了不同学段学生应学习的学科内容。教学实践中，由于中高考的选拔性，教师和学生很容易关注习题解答过程中涉及的具体知识的学习。这些缺乏概括关联的零散知识增加了学生记忆、提取的难度，面对真实问题时也往往感觉学习内容与生活脱离，学习缺乏意义。化学学科观念是化学学科对研究对象、研究问题的基本认识、基础观点，是化学学科体系发展的基础。基于学科观念展开学习，有利于学生从科学本质的角度认识社会生活中的问题，建立知识间的关联，加强对知识的理解，感受学习带来的认识发展，获得学习成就感。例如，义务教育阶段有燃烧条件的教学，若只关注具体知识点的学习，学习重点会落在燃烧的三个条件是什么，重视科学探究的教师会从实验探究角度证明燃烧的三个条件；如果从学科观念角度考虑，燃烧是一种化学变化，就要回归化学变化与转化的观念，将燃烧作为化学变化的实例，从反应物、反应条件的角度认识燃烧的条件，这样对于调控化学反应来说更有学习意义和迁移价值。

从知识技能训练向学科能力持续进阶发展转型。化学课程的目标是发展学生核心素养。学科核心素养包括正确价值观念、必备品格和关键能力。[1]可见，能力发展是核心素养培养的重要内容。王磊基于对化学学科认识活动和问题解决活动的系统心理分析，提出化学学科能力包含知识和经验的输入、输出、高级输出三阶段能力，即学习理解、应用实践、迁移创新。其中，学习理

① 中华人民共和国教育部.普通高中化学课程标准:2017年版:2020年修订[M].北京:人民教育出版社,2020.

解能力指学生进行知识和经验的输入和加工活动的能力，包括辨识记忆、概括关联、说明论证等能力要素。应用实践能力指学生进行知识经验的简单输出活动，完成学科活动及应用学科核心知识经验分析和解决实际问题的能力。迁移创新能力指学生利用学科核心知识、活动经验解决陌生、不确定性问题以及发现新知识、新方法的能力，包括复杂推理、系统探究、创新思维等。[①]对同一学科知识内容，学生可以有不同水平的学科能力表现，教学中，在学生能力范围内尽可能提供高能力水平活动空间，促进学生学科能力发展。例如，学习氧气的性质，记得氧气与碳、铁等物质的反应属于辨识记忆；发现氧气和碳、铁等多种物质反应生成氧化物是概括关联；从实验现象中选择证明有新物质生成的证据证明氧气的性质是说明论证。这三种指向输入的学习理解能力中，寻找证据证明物质性质的说明论证能力是最具有迁移价值的，可以帮助学生认识其他物质性质；单质与氧气反应生成氧化物的概括关联能力也具有一定的迁移价值；辨识记忆的内容迁移应用的价值最小。对氧气性质的说明论证方法应用于其他物质性质的研究是应用实践能力的体现，若在真实问题解决中通过分析识别出要研究物质性质的问题或设计方案排除干扰因素研究性质，以及发现证明物质性质的新的证据类型，则是迁移创新能力的体现。教学中，需通过整体规划来设计学科能力发展目标和学习活动。

从将真实素材作为化学学习的点缀向真实情境下系统解决问题并实践转型。化学课程需要立德树人，使学生具有理想信念和社会责任感，以及参与社会生活的各种能力和正确的价值观。这些能力、态度、价值观的发展仅靠简单习题、文字告知、观摩是

---

① 王磊.基于学生核心素养的化学学科能力研究[M].北京:北京师范大学出版社,
2018.

无法达成的，必须通过亲身体验，形成具体经验、行为程序、价值抉择，学生才可能形成在真实陌生问题中也能表现出的问题解决能力和相对稳定的价值观。例如，酸雨作为环境问题是化学学科的常用素材。有的教师向学生说明空气中SO_2超标是酸雨形成的主要原因，而后就是SO_2性质的学习以及其他含硫物质性质的学习，这样的素材使用方式就是点缀型，素材和学习内容有关，但是不需要运用学习内容对真实问题进行分析和解决。而有的教师针对酸雨会提出：什么使酸雨显酸性？酸雨中的酸是怎么来的？二氧化硫又是从哪里来的？除了硫酸还有其他成分导致的酸雨吗？酸雨如何防治？对防治酸雨，一般老百姓可以做些什么？这些问题的解决都需要分析情境中的信息，抽提出学科问题，选择必要的学科知识与方法，根据情境的具体需求完成任务，学生在学习过程中研究素材、解决问题，形成方案时有价值判断，能考虑不同利益群体的选择，并做出权衡。这是以素材为载体的实践体验，给了学生素养发展的空间。

二、项目学习对落实化学课程目标的意义和价值

我国化学课程以落实学科核心素养为课程目标。学生的学科核心素养在学习活动中得到发展。不同的教学方式、不同的学习任务带给学生核心素养发展的价值有一定的差异。

在活动与案例1中，教学方式A以讲授式教学为主。教师讲述了实验室制备二氧化碳气体的全过程并配有演示实验，学生只是听讲、观察、记录。学习过程中，学生看到了二氧化碳气体制备的具体事实，增加了事实经验。如果教师足够优秀，讲授过程

中会展示实验原理选择的思路、实验方案设计的方法和程序、实验操作策略等。但是，学习过程中学生看到的事实经验和听到教师传递的思路方法是否能够转化为学生的实验设计、操作能力，教学中是不可知的。可见，方式 A 不是学科素养发展指向的教学方式，学生是否获得了素养发展，获得了怎样的素养发展都是不确定的。

教学方式 B 属于探究式教学。学生在教师指导下自主选择实验原理，可以根据记忆提取产生二氧化碳的化学反应；学生也可以根据制备二氧化碳这一目标，基于元素守恒想到反应物和相应的化学反应，这样可以找到更多可能的反应原理，这是对变化观念的运用；若学生能根据反应物、生成物状态和反应条件来确定制备二氧化碳的反应原理，则是对化学反应的多角度认识，是变化观念水平发展的表现。学生根据教师提出的实验目的和问题进行简单的实验设计，自主组装仪器完成实验操作，是对实验和科学探究能力的落实；尝试基于实验目的对熟悉的实验装置进行创新改装，则激发了学生的创新意识。教学过程中，教师指导学生总结实验室制备气体的思路和方法，帮助学生体会学科模型认知的思维方式。可见，探究式教学有利于学科核心素养的培养。

教学方式 C 属于项目学习。学生通过理解灭火器的功能价值，承担制作灭火器的任务，最终克服困难制作出灭火器，体会到学习是有用的，发展了基于学科的社会责任意识。在完成项目任务过程中，学生首先要建立二氧化碳的性质与燃烧的关系；在解决"怎样才能获得灭火材料"的问题时，学生要经过"灭火材料是什么——灭火材料中的物质和核心元素是什么——怎样获得物质"的推理过程，经历制备二氧化碳的实验探究活动，这是对认识物质及其变化的化学观念的运用。在这个项目中，学生先将自制灭火器这个总任务分解为系列问题，建立起项目完成的框架，然后再逐一攻破，这体现了先建构思维模型再运用模型解决问题这一思路；在任务完成过程中，学生总结"气体制备的实验探究思路和操作程序""实验装置设计策略"等，这都是认知模型的建构过程，都是对科学思维的落实与发展。

比较三种教学方式可以看出，相较于讲授法教学，探究式教学和项目学习对学科核心素养的培养指向更明确，更容易观察到学生学科核心素养的达成水平。与探究式教学相比，项目学习在科学态度与责任素养的培养上更突出外显，同时更强调科学实践。由于项目任务是自制灭火器，灭火效果是项目成果的评价指标之一，不同组学生装置设计差异很大，创新是必然要求也是学生自我追求的目标，所以项目学习对于创新意识的培养也比探究式教学更有力度。

由此可见，在"以发展化学学科核心素养为主旨"，开展"素养为本"教学的课程改革背景下，项目学习具有重要优势。其源于生产生活的真实问题和驱动学生学习的项目成果，给了学生参与社会决策、承担社会责任、建立正确价值观解决真实问题的平台和实践机会。其基于项目主题的整合性、结构化学习，使只关注单一物质、具体性质的静态零散学习，转向关注物质转化、条件调控的动态单元学习，更加突显知识之间的关联，使宏观辨识的角度更丰富，微观探析与宏观辨识的关系更清晰。这也为新的探究活动中提出假设、形成结论提供了推理路径。项目学习强调主体性和反思性，反思学习过程后获得的结构化的成果往往是学科认知模型，具有最大的迁移价值，为完成新的同类探究任务提供了高水平起点。可以说，项目学习是开展素养为本的化学教学活动中不可回避的一种学习方式。由于项目学习的社会性、开放性、主体性、整合性，项目学习不仅培养了学生的学科核心素养，对我国学生应该具有的基本核心素养的培养也有重要价值，本书不一一论述，教师可在实施项目学习的过程中逐步体会。

第二章

项目学习的设计

第一节
确定项目主题

项目学习可以设计以单一学科为主的项目，也可以设计多学科整合的项目。本书主要讨论基于化学学科课程的项目学习。项目学习的主要特征是学生要完成项目任务，但这个任务中一定要包含学科学习主题。本节讨论如何确定项目主题。

一、学科核心概念是项目主题的源泉

项目主题是项目的灵魂，体现了教师对于"教什么"的认真思考。项目学习以学生为主体，通过学生的自主规划、自主探究完成学习内容，教学周期相对较长，因此，需要选择最有价值的教学内容开展项目学习。另外，如果我们希望真正利用项目学习发展学生的学科素养，零散地开展一两个项目活动是不够的，学生刚刚理解和适应了项目学习，项目就结束了，很难达到理想的培养效果。我们需要进行全学段项目学习规划，根据教学时间、进程，规划一组项目，使每一个项目活动指向重要的有价值的学科内容，又对学科课程的要求具有一定的覆盖性。基于学科核心概念确定项目主题是有效的规划方法。

案例与活动3

任选一个学段（初中/高中必修/高中选择性必修的一个模块），列出该学段的化学核心概念，并选取一个核心概念说明该核心概念包含哪些一般概念，蕴含怎样的学科观念。

学科核心概念是构成学科体系、整合学科内容的少数关键概念。与一般学科概念相比，核心概念具有更广泛的解释力和迁移价值，是发展学生学科认识的关键点。学科核心概念通常具有必要性、统摄性、观念性等几个特征。必要性指核心概念是学科体系的重要组成部分，缺失核心概念学科体系的结构将有重大缺失，如"能量"是化学学科的核心概念，如果缺失能量视角，无论是理解化学学科的社会价值还是调控化学反应条件以高效利用化学反应都会缺失重要的角度。统摄性指学科核心概念通常包含多个一般学科概念和很多学科事实，一旦建立了学科核心概念，核心概念统摄下的一般学科概念即便有所缺失也不会影响学科结构的建立和对学科问题的理解。观念性指学科核心概念包含学科观念和思路方法，是学生解释、解决学科问题的推理依据。例如，氧化还原反应可以看作是一个核心概念，氧化还原反应包含从电子得失角度分析化学反应发生实质的思路方法。有了电子得失的分析角度，我们就可以将一般氧化还原反应和电化学中的电极反应统一认识，从电子得失角度分析反应实质、预测反应结果。一旦确立了氧化还原反应概念，形成了得失电子的分析角度，氧化剂、还原剂、氧化产物、还原产物这些下位概念就不是认识反应实质的必备概念，只是方便理解、表达的概念，缺失这些下位概念并不会影响对化学学科体系的整体理解和把握。

各学科都有一些稳定的核心概念，这些核心概念是支撑学科体系的关键要素，它们往往属于上位概念，具有较高的统摄性和更本质的观念特征。学生可能在学习的初期就开始接触这些核心概念，但随着学业的进展，对这些核心概念的认识一直在发展。另外，在不同的学习阶段，学习者对学科的把握程度不同、理解水平不同，对于学习者来讲，还需要有不同的学科核心概念。在学习进程中，既有可能使原有的核心概念内涵得到发展，具有更强的认识功能，也有可能将原有的多个核心概念整合发展为新的核心概念，使核心概念具有更高的统摄性。

化学学科也有一些稳定的核心概念，如物质、化学变化、能量、微粒、平衡等，这些核心概念所统摄的概念组及其中蕴含的学科观念构建起对化学学科的基本理解，对这些核心概念内涵认识的发展及价值体验的拓展使人们对化学学科的认识更加丰富、深刻、精准。

"物质"是化学学科的认识对象，学生从以下方面丰富对物质概念的认识：

世界是物质的，物质是可以变化的。

自然界中的物质大多是混合物，化学学科以纯净物为研究对象。

认识物质的角度包括物质的组成、结构、性质、来源、用途，这些角度中结构是本质，各角度间具有逻辑关联性。

物质是可以分类认识的，对物质的分类有多种角度。

对物质概念的发展还包括物质性质、物质分类等认识角度的具体内涵，对具体物质的认识案例，以及与微粒、化学变化等核心概念相关联的从微观定量角度和物质转化的动态角度认识物质。

"化学变化"也是化学学科的认识对象，学生从以下方面认识物质的化学变化：

物质是可以变化的，物质的变化是有条件的，也是有规律的。

化学变化的本质是有新物质生成，随着微粒视角和能量视角的发展，学生对物质变化本质的认识也不断发展，从基于分子原子关系认识化学变化，到基于电子转移认识氧化还原反应，再到基于化学键变化等能量视角认识化学变化。

对物质化学变化的基本认识角度包括：参与变化的物质、能量变化、化学变化的现象、化学变化的条件、化学变化中的定量关系。

还可以从化学反应速率和化学反应限度的角度认识化学变化，化学反应速率和化学反应限度都是可调控的。

对物质的化学变化可以分类认识，化学变化的分类可以有多种角度。

"能量"是化学学科与物理、生物等学科共同的核心概念，能量既是化学变化的结果，也是化学变化的原因；既可以直观感知，也可以利用抽象数据解释推断；既可以测量宏观化学反应体系的能量变化值，也可以计算微粒状态变化所带来的能量变化。人们利用键能等数据可以预测物质性质，利用焓变、熵变等数据预测化学反应的发生，通过改变能量调控化学反应。可见，以能量为核心概念构建的能量概念系统对物质和化学变化的概念系统具有解释性和一定的替代性。

"微粒"是化学学科特征认识方式的体现。微粒其实是人们基于对物质、物质的化学变化的研究结果构建出的认知模型系统。这些微粒模型能够解释更多的事实、现象，随着技术的发展被更多的证据证实，模型便稳固下来；一旦发现新的事实不能用模型解释，或得到的证据与模型不符，模型便需要修订。对微粒概念的基本认识包括：

物质是由微粒构成的。

构成物质的微粒有很多种。

分子与物质相对应，分子不变，物质的性质不变；分子改变，物质的性质改变。

化学变化中原子的种类不变，作用方式发生改变。

微粒概念从以下三个方面获得发展：构成物质的微粒的种类、微粒间的相互作用、微粒间的作用结果。

例如，初中阶段认为分子是构成物质的微粒，原子构成分子；高中阶段不但知道分子、原子、离子都是构成物质的微粒，还知道电解质在非水溶液中和水溶液中以不同的微粒形式存在。初中阶段只知道原子间有相互作用，高中阶段要知道电子在原子间的转移和转移结果，以及水溶液中离子相互作用的规律和结果。

"平衡"是化学学科思想，也是一种哲学思想。平衡思想中蕴含的观念包括：

物质运动是永恒的，化学反应不会停止。

化学反应是有限度的，在一定条件下会达到平衡状态，一定条件下的平衡状态可以用平衡常数表示。

一定条件下，从不同起点起始的可逆反应可能达成相同的平衡状态。

条件改变时平衡状态可以被打破，从平衡到不平衡，但是最终还会达到新的平衡状态。

对于上述核心概念，不同学习阶段对概念的认识要求是不同的。除上述概念外，各个学习阶段还可以有本阶段的核心概念。

二、根据学科核心概念发展阶段设定项目主题

根据学科核心概念确定项目主题，可以保证用项目学习的方式完成最有价值的学科知识、方法和观念的学习，使学习时间和精力得到最有效的运用。一个项目主题可以对应一个学科核心概念，也可以对应多个有关联的学科核心概念。项目主题可以对应学科核心概念本身，也可以根据学习阶段对应核心概念的下位概念或事实案例，以完成对核心概念的某个角度或某个水平的学习。

案例与活动4

以你正在教授的年级为例，你会把哪些教学内容设计为项目主题？列出项目主题清单，并说说你的想法。

从初中到高中，"物质"都是学生需要重点学习的内容。初中阶段，学生首先学习氧气、二氧化碳等单一物质，建立认识物质的基本角度，进而基于金属、酸、碱等类别学习物质，初步体会同类物质性质的相似性和存在的差异。高中必修阶段，学生对于物质的认识有三方面的发展：一是物质类别的内涵得到发展，除了金属、非金属、氧化物、酸、碱、盐这样的类别划分外，还增加了电解质的类别、氧化剂和还原剂的类别，新的物质类别有新的认识物质的功能；二是物质性质的内涵得到发展，从单质与

氧气的反应以及酸、碱、盐为主的物质性质，发展到物质在水溶液中电离的性质及离子反应发生的本质，并从化合价角度认识物质氧化还原的性质；三是基于转化认识物质，与初中认识单一物质和类别不同，高中阶段基于核心元素认识物质，从物质类别和化合价两个角度认识同一元素组成的不同物质之间的转化关系，与化学变化的概念建立关联。

可见，初中、高中必修阶段都可以依托"物质"这一核心概念开展项目学习。初中阶段可以选氧气、二氧化碳一类物质为主题，也可以选金属、酸、碱类物质为主题。在初中阶段，盐的学习比较特殊，盐类物质不像酸、碱那样因为具有相同离子而具有相似性质，只有含相同离子的盐（如碳酸盐）性质才会相似，盐只是遵循复分解反应规律，但初中阶段不要求学生从离子角度认识盐的性质，所以初中阶段不建议以盐作为项目主题。

高中必修阶段要发展基于电离认识物质性质，可以将盐作为项目主题。高中必修阶段要发展同一元素不同物质之间的转化关系，氯、硫、氮、钠、铁五种元素是课程标准要求掌握的重要元素，可以选择这些元素及其化合物作为项目主题，发展从物质类别和元素化合价两个角度认识物质的思路。

高中选择性必修阶段对物质的认识也有一定的发展。在化学反应原理模块增加了盐类水解和沉淀溶解平衡对物质性质的解释和预测能力，物质结构与性质模块对物质性质的差异有了更多的解释能力，并认识新的物质类别——配合物。在这两个模块以物质为项目主题时，落脚点应放在预测陌生物质性质时预测角度的丰富性，以及从原理、结构角度对物质性质进行更深入的解释。有机化学基础模块研究有机物的结构、性质、合成、用途，从上述角度发展以物质为主的项目主题都是可行的。

物质的化学变化需要物质载体，所以在物质主题中经常会用到化学变化的观点，如探究物质具有某种性质就是证明该物质发生了某个化学反应，具体证据是有新物质的生成。化学变化作为核心概念还可以抽提出化学反应类型、化学反应规律、调控化学反应三类项目主题。化学反应类型是对化学反应的分类认识，不同的分类标准具有不同的分类意义，所以我们可以将一类化学反应作为项目主题，了解这类化学反应的特征与价值，如氧化还原反应、离子反应。对化学反应的分类又可以指导我们从不同角度寻找化学反应，打开我们的视野和思路。例如，要实现某种物质的制备，选择原料的核心思路是找到原料和目标物的共同元素；选择原理的思路可以是根据不同的化学反应类型尽可能多地寻找转化关系，再从中筛选出适宜的反应原理。所以我们也可以把化学反应类型整体作为项目主题，体会化学反应分类的意义，比较反应类型之间的差异。化学反应规律作为结论可以迁移应用到很多问题解决中，可以形成与物质主题或其他主题的整合。化学反应规律本身的探究也可以作为项目主题，如质量守恒定律的探究、燃烧条件的探究、离子反应规律的探究、化学反应速率影响因素的探究、化学平衡影响因素的探究等。这些内容只是项目主题，设计为项目学习活动时还要进行项目化设计。调控化学反应是人类有效利用化学反应的基本要求，也是研究化学反应规律的核心目的，可以设计为项目主题。在高中选择性必修的化学反应原理模块，调控化学反应的目标往往是调控化学反应速率和化学反应限度，平衡思想是调控化学反应限度的基本思路，所以调控化学反应主题常常与平衡主题结合在一起。

　　"微粒"主题的内容比较抽象，学科知识可用于解释物质的性质及变化，所以通常与其他项目主题结合在一起。"微粒"是应用模型思想进行模型构建的结果，也可以作为项目主题，发展学生证据推理与模型认知的学科素养，形成学术研究特色的项目学习活动。这类项目主题在初中"物质构成的奥秘"主题的学习中，高中必修阶段"物质结构基础"的学习中，以及高中选择性必修阶段"物质结构与性质"模块的学习中，"有机化学基础"模块的学习中都可以涉及。

　　对于"能量"这一核心概念，可以从两个角度设计项目主题。角度一：能量作为化学变化的结果，即能量的获取、能量形式的转化、发现新能源等。角度二：能量作为化学变化的原因，根据能量预测化学反应发生，设计合理的物质转化路径。角度一作为项目主题在初中阶段可以讨论能源物质和能源利用过程中的环保问题；高中必修阶段可以比较能源物质的热效率，可以与氧化还原反应结合讨论热能、电能、机械能等能量形式的转化；高中选择性必修阶段"化学反应原理"模块可以评价能源利用效率，设计能源物质利用方案。角度二主要体现在高中选择性必修"化学反应原理"模块，与"化学变化"主题结合，调控化学反应的方向限度。

◉ 第二节
设计项目任务与活动

　　项目学习的首要特征是项目任务，将有价值的学习主题设计
为有驱动价值的项目任务及系列学习活动是开展项目学习的教师
应具备的能力。

案例与活动5

　　以下是几种初中化学教学中以"二氧化碳"为项目主题的项
目任务设计方案，你认为哪种设计最具有驱动性，为什么？

　　方案A：项目任务是"从组成、制备、性质、用途等多角度
认识二氧化碳"。

　　方案B：项目任务是"发现碳酸饮料"，研究如何制备碳酸饮
料、碳酸饮料的性质、可能的用途。

　　方案C：项目任务是"自制简易灭火器"，尝试制作能释放二
氧化碳的可用于灭火的灭火器。

　　方案D：项目任务是"践行低碳行动"，讨论为什么要低碳，
哪些行动可以低碳。

一、设计有驱动性的任务或问题

对学生而言，项目任务或问题是项目的开端。项目问题能激发孩子们的好奇心，项目任务富有挑战性和驱动性，是项目学习顺利开展的基本保障。具有驱动性的任务或问题需要具有如下特征：

1. 选择真实而有意义的任务

具有驱动性的任务或问题首先是真实的，对学生是有意义的。真实的任务或问题本身就会让学生更有价值感，感觉自己可以解决真问题，可以掌控身边的事物，可以参与社会问题，对身边的世界有了更多解释和互动的能力。要让学生认为这种任务或问题是有意义的，是值得关注、解决、实践的。如果学生认为是无意义的活动，即便真实也缺乏驱动性。真实问题的选取可以从学生生活、社区活动、社会问题、实验科研等几个领域考虑。

案例与活动5中列出了关于"二氧化碳"的四个项目任务设计方案。[①][②]方案A不是真实任务，是学习任务，虽然也有活动性、主体性、成果性等几个特征，但是没有项目的根本特征——真实问题或任务，方案中没有涉及知识与社会的联系以及知识是如何被运用的，对学生学科素养的培养，特别是科学精神与社会责任素养的培养是缺失的。

方案B、C、D都是真实问题或任务，分别来源于学生的日常

---

① 参考北京市日坛中学实验学校李玲、张丽芳的项目设计。

② 王磊.项目学习实验教材化学:九年级上册[M].太原:山西教育出版社,2018.

生活——碳酸饮料，对身边问题的观察——常见却不常用的灭火器，社会问题——低碳行动。相比较而言，方案B和方案C更容易受到初中学生的欢迎。学生在方案B的学习过程中以碳酸饮料为研究对象，用碳酸饮料做实验感觉很有趣。虽然学生已经听了不少关于碳酸饮料对健康有害的宣传，也通过各种途径对碳酸饮料有了相当多的了解，但是能亲自通过实验、实践等多种方式解释验证各种说法，形成对碳酸饮料更真切更确定的认识，对学生来说还是有吸引力的。方案C对学生来讲有一定的神秘感。灭火器随处可见，但几乎没有学生用过。灭火器中存放着二氧化碳吗？灭火时喷出的二氧化碳是怎样来的？怎样设计灭火器才能更有效地灭火？这些问题的解决满足了学生的好奇心，让他们在遇到着火现象时更有自信地使用灭火器，提高社会参与能力。方案D对很多学生而言更像是一个空口号，低碳环保的宣传每天都能看到，低碳行为每个人都能说出几条，面对低碳行动，学生没有找到可研究的问题或探索的欲望。也就是说，方案D对学生而言，缺乏直接意义。不过，低碳行动是影响全球的社会问题，温室效应给人类带来的灾难已经呈现在眼前，联合国缔结公约限制人类活动对地球环境的影响，但一些国家并没有真正承担起减排任务。我国建立起碳排放交易市场，促进减排目标的实现，真正体现了大国的责任与担当。如果学生能够理解这样的社会背景，他们会为全球环境恶化而忧心，为国家的大国风范而骄傲，理解我们可以做什么，探究我们还能做什么，为社会、为全人类的可持续发展做出自己的贡献，"践行低碳行动"项目对学生来说就真正有了意义。可见，项目的意义有时候需要教师帮助学生揭示，引导学生体会。一旦理解了项目意义，方案D会是一个更具有广阔视野的项目，不仅培养了学生的学科核心素养，凸显了价值观教育，在学生发展应具备的六大核心素养的培养上也会有明确的贡献。

2. 有利于学生自主提出问题

具有驱动性的项目任务要让学生既有熟悉的起点又能自主提出可研究的问题。"有熟悉的起点"指项目的主题、任务能与学生原有知识经验相关联，让学生有思考的起点和依据，从而增强完成项目的信心和勇气。"能自主提出可研究的问题"指学生在解决问题或者完成任务的过程中，能够想到还需要获得哪些知识或者掌握什么能力，作为项目完成过程中的阶段学习目标，这是学生规划项目学习进度、建立学习动机的基础。"二氧化碳"项目设计方案中的B、C、D三个方案都有学生熟悉的关联点。在方案B中，因为学生对饮料接触最多，所以可调用的与项目学习相关的知识经验最多，如：碳酸饮料中有二氧化碳，二氧化碳被高压压进碳酸饮料中，打开的碳酸饮料中二氧化碳是逐渐释放的，碳酸饮料是酸性的，长久放置的碳酸饮料酸性减弱，振荡或加热都可以加速碳酸饮料中二氧化碳的释放……这些经验既是学习的起点，也是学习过程中待梳理解释的问题。在方案C中，学生知识方面的经验包括二氧化碳、水可以灭火；制作灭火器技术方面的经验包括使用灭火器时要倒放，灭火器使用时气体是喷射出来的，等等。在基于已有经验完成任务的过程中，二氧化碳为什么能灭火，怎样得到二氧化碳，怎样让气体从装置中喷射出来，这些是学生很容易提出来的值得研究的问题，也是推动项目展开的关键问题。方案 D 由于在讨论一个全球化大视野的社会问题，学生相关经验比较少。关键问题是学生听说过低碳环保，也能模糊地说出低碳行动的意义，但不能拿出证据清晰论证为什么要低碳；学生知道一些低碳行动、环保行动，但说不清为什么这些行动是低碳的，环保行动是不是都是低碳行动；学生有时会有低碳行为，但是其行为不见得是为了低碳，也就是说低碳不是学生价值判断的依据。可见，对于方案 D 学生的已有经验只是一些词汇、说法，缺乏理解，也没有与身边的事实和个人行为建立关联，如果没有自我反思的习惯，学生很难自主提出进一步研究的问题。所以方案 D 项目学习的实施，在起始阶段需要教师更多地去引导，启发学生提出问题。方案 D 关注社会问题、反思经验常识、论证社会观点的经历会成为学生日后研究社会问题的有益经验。

3. 项目任务要有适当的尺度

项目学习的特征中虽然没有规定项目学习周期的长短，但是项目学习因为要设定驱动性任务，要让学生感受到挑战，项目任务尺度过小是无法满足这些要求的。如："二氧化碳可以被碱吸收吗？"作为项目任务就显得过小，这个问题的解决只需要完成一个实验就可以，项目任务不需要拆解，实验方案不需要设计，对学生能力素养培养的空间很小，所以不适合作为项目任务。项目任务尺度过大，又容易使学生注意力分散，抓不住学科发展要点，使项目学习目标难以制定，也难以落实。如：以"汽车中的化学"作为项目任务一定要有所控制，是研究汽车材料、汽车燃料，还是研究汽车电池……每个内容都对应着不同的化学学科主题，有所区分才能使学习目标明确。如果汽车中的方方面面都拿来讨论，会导致对每个内容主题的探讨都不够深入，或者需要很长的时间持续围绕这一个主题，实际上就是将这个项目又分成了多个子项目。

4. 规划不同类型的项目任务

项目学习是一种课程理念，利用项目学习促进学生学科核心素养的发展应该在不同学习主题中通过各个项目任务共同实现。项目任务可以有不同的话题来源，如学生生活、社区、社会、科研；也可以有不同的任务形式，如问题解决方案、实物产品、文化作品、科普活动策划、辩论赛等。不同的话题来源给了学生不同的视野，不同的任务形式需要不同的思维方式、不同的研究过程和方法，所以不同类型的任务活动会给学生带来不同的发展。设计项目时，教师应统筹考虑，让学生接触尽可能多的项目任务类型。

案例与活动6

高中必修化学教学中要发展从物质类别和元素化合价两个角度认识物质的思路，建立同一元素不同物质之间的转化关系。氯元素、硫元素、氮元素、铁元素及其化合物的性质都是课程标准要求的学习内容，也都可以承载这个教学主题。面对这些学习内容，你会怎样设计项目任务？你希望学生最终呈现的项目成果是什么？

二、确定关键学习活动

项目学习是关于一个主题的学习活动，以学生作为学习主体，又需要学生完成学习成果，所以项目学习的周期一般比较长。为了保证项目学习主题的落实和项目任务的顺利完成，项目学习通常把主题内容和任务拆分成子问题或子任务，设计成系列学习活动，通过完成系列学习活动完成项目学习。

案例与活动7[①]

某位教师以"践行低碳行动"为项目任务，以"制定低碳公约"为项目成果，设计项目学习活动。以下活动都与低碳行动有关，你会选择哪些活动作为项目学习活动呢？

A.了解自然界中的碳循环，制作温室效应小报；B.查阅《京都议定书》，了解碳排放交易市场的有关信息，总结人们对温室效应的应对策略；C.调查学校附近某工厂的二氧化碳排放情况；D.测定不同地点（如教室、操场）、不同时间（如课上、课下）空气中二氧化碳的含量；E.测定一瓶碳酸饮料中的二氧化碳含量；F.调查碳酸饮料是如何形成的；G.观察生活，查阅资料，说说自己身边有哪些二氧化碳的生成途径；H.列出已知的所有含碳物质，尽可能寻找每一种物质转化为二氧化碳的途径；I.根据教师提供的实验用品，设计实验并完成二氧化碳的制备；J.根据教师提供的实验用品，研究二氧化碳的性质；K.查阅资料，了解减少工业尾气中的二氧化碳或大气中二氧化碳的方法；L.总结自己和身边的人可以采取的低碳行动；M.与同学交流低碳行动方

① 王磊.项目学习实验教材化学:九年级上册[M].太原:山西教育出版社,2018.

案，并解读这样的行动为什么可以带来低碳，最终形成本班可行的低碳行动公约。

1. 精选关键活动

项目学习源于真实问题和任务，与真实问题有关的学习材料、学习内容特别丰富，相应地可以设计出很多学习活动。我国学科课程有课时规定，在项目学习过程中，需要从丰富的学习活动中精选出关键活动并完成，对于其他活动，则根据教学时间和学生兴趣选择性完成，这样才能保证项目学习效果的最大化。

一是基于项目主题精选关键活动。项目主题是对学科课程内容筛选的结果，项目主题的落实是完成课程学习要求的基本保障。在二氧化碳主题的项目学习中，一定要有二氧化碳的性质、二氧化碳的实验室制法、含碳物质之间的转化关系（即碳的循环）等学习活动，这些都是课程标准明确要求的内容。

二是基于项目任务精选关键活动。项目任务是项目学习开展的逻辑起点和任务终点，学习活动的设计要保证项目任务的完成。在开展以"二氧化碳"为主题的项目时，把"研究碳酸饮料"作为项目任务，学习活动中应该包括如何获得碳酸饮料、碳酸饮料的性质等内容，既是对碳酸饮料的研究，又与项目主题相匹配。把"践行低碳行动"作为项目任务时，学习活动中应该包括大气中的二氧化碳是从哪里来的、如何减少空气中的二氧化碳等问题。当把"自制灭火器"作为项目任务时，如何获得二氧化碳及研究二氧化碳的制备装置是主要的学习活动。这个项目是否承载二氧化碳性质的学习以及用什么活动承载，还需要根据全学段的整体教学规划来安排。

三是基于整体规划的学习目标精选关键活动。有些课程内容比较灵活，可以在不同项目中呈现，但又不一定是某个项目必需的内容，如化学研究方法、实验设计方法、数据分析方法等各种方法类学习内容，以及实验操作等技能类学习内容，需要通过规划在某些项目中设计为重点学习活动。

2. 构建活动之间的逻辑关系

项目中的多个学习活动是项目任务或问题拆解的结果，学习活动的逐一完成就是项目不断推进的过程。每个学习活动都承载了一定的课程学习要求和项目任务，学生不应该被动地在教师的指导下完成一个个学习活动，而应该在项目初始阶段就跟教师一起规划出项目学习过程中的主要学习活动，清楚每个活动的学习目标和任务目标及这些活动之间的逻辑关系，形成对项目的整体把握，明确自己的项目进度和成果完成情况。

活动之间的逻辑关系有多种，可以是真实任务完成的顺序关系，如"自制灭火器"要先确定原理，再设计装置，最后选择材料制作和完善效果；也可以是子任务并行关系，如"制定低碳公约"要考虑两个方面的行动，一是减少二氧化碳的来源，二是消耗生成的二氧化碳，这两个方面可以分别设计为学习活动。有的时候，学习活动设计还要综合考虑学习内容逻辑、任务完成逻辑。例如，某位教师设计了从海水中获得食盐的项目。在真实生产中，海水被引入盐田，经过日晒，食盐析出（但是并不把海水晒干，剩余的卤水中含有其他盐类杂质）；日晒得到的食盐在工厂中经过溶解、蒸发、重结晶获得可以使用的食盐。在项目学习中，教师将晒盐的过程拆解为两个活动，先是不考虑其他杂质，只解决食盐水蒸发获得食盐的问题，从而建立物质分离的基本思路，理解食盐在水中溶解的饱和性，掌握蒸发的实验技能；然后再讨论其他杂质在水中的溶解度不同、含量不同，如何与食盐分离等问题；对于重结晶过程，因为与前两步原理相似，所以不作为重点学习活动。

3. 关注学习活动的多样性和能力进阶

对于一个项目来说，一般包括三类学习活动：规划性活动，了解任务要求、成果目标，通过查阅文献、调研等活动对项目形成整体认识，在教师指导下进行项目活动规划，是项目有序开展的基础；总结性活动，在项目任务或子任务结束时确认项目进度、明确项目结论或成果、反思项目实施经验，梳理知识、方法、价值观认识等学科收获，这是落实项目学习效果的重要环节；研究性活动，是项目学习的主体活动，通过各种具体学习过程达成学习目标，完成项目任务。

对研究性活动的设计在一定学段内也需要有相应的规划。首先从学科任务类型来说，化学课程的项目活动要体现化学学科的研究特点，体现化学学科通过完成特征学科任务对人类社会做出贡献。化学特征学科任务大致包括：研究物质性质、研究物质的组成和结构、物质的制备与合成、物质的分离和提纯、物质的鉴别和检验、化学反应规律的探究等。每一种学科特征任务都有独特的思维方式、探究程序和实验设计策略。在一定学段内，根据课程要求和项目主题要求尽可能设计不同的学科特征任务，使学生经历、体验并梳理学科特征任务的思路方法与程序策略。对学科特征任务的把握是学生学科能力、素养提升的主要途径。

在项目活动设计中还要注意能力水平进阶的规划。总体来说，学习活动的要求是从宏观观察分析向微观解释推断发展，从定性研究向定量研究发展，从单一证据简单论证向系统证据多角度论证发展。从同一项目或同一主题的活动设计来看，也可以大致按照如下能力要求设计能力水平进阶的学习活动：简单类比已有知识经验解释、解决问题，分析解释已知的研究方案的合理性，质疑已有观点，评价已有方案的不足，变式运用知识设计方案解决问题，综合运用多主题多领域知识解释、解决问题等。

三、设计有价值的项目成果

项目成果是项目学习的主要特征，成果设计是对项目任务的进一步解读和明确学习目标的过程。对学生而言，完成成果是项目学习的第一目的。学生项目成果的展示实际上就是项目学习效果的展示。项目成果设计应考虑以下问题：

1. 成果具有价值感和实践性

与项目任务具有真实、有价值的特点一样，项目成果的设计也要具有实际价值。学生做出来的成果是可以被借鉴和应用的。比如，"发现碳酸饮料"项目，项目成果是完成一份碳酸饮料的研究报告。研究报告的制作过程就是学生全面认识碳酸饮料、建立科学饮水意识的过程。研究报告中关于碳酸饮料的获得、碳酸饮料的性质特点等可以作为科普活动的资料，组织学生参与社区宣传等社会实践活动时可以展示，研究报告中对碳酸饮料用途的创意设计，可以被直接应用于生活实践中。"自制灭火器"项目的项目成果是制作一个简易灭火器，这是一个实践性成果，做出来的作品能否灭火就是成果的重要评价指标。虽然现在学校的安全设施越来越完善，不需要真的摆放学生自制的灭火器，但是学生对灭火器的设计很可能为灭火器的改进提供思路。"践行低碳行动"的项目成果可以设计为低碳行动公约，公约直接约束个人在生活中的各种行为，对公约的认同就是对自我行为的要求。可见，不同的项目可以有不同的成果形式，但是项目成果都会关注社会问题，如健康生活、安全问题、环保问题等，通过项目成果使学生确立科学的生活观念、正确的价值取向，获得生活问题解决经验。

2. 成果的完成过程覆盖学习目标

项目成果是项目学习效果的综合呈现，也可以说是学生对相关学习内容的最高能力水平的表现。项目成果的生成过程是学生对学习内容的多角度认识、变式表达、创意应用的过程，实际上是学生以相关学科学习内容为核心的能力素养的落实。因此，对于项目所要承载的学科内容主题，在项目成果中应用得越充分，项目成果对学生学科能力、学科核心素养的发展价值越大。除此之外，项目成果的设计中还应该体现项目学习过程中获得的能力方法和倡导的价值观念。如：以"二氧化碳"为主题的几个项目学习设计方案，无论项目成果的具体设计如何，项目成果中都应包含二氧化碳的性质、二氧化碳的制备等相关知识，不同的项目又分别包含不同的方法、能力要求，以及态度价值观的培养。"自制灭火器"需要学生有较好的实验设计能力，理解和运用气体制备的原理方法，通过仪器创新改造解决问题。装置设计过程中要体现环保、安全等意识，项目中对产品不断改进的过程也是科学态度的体现。"低碳公约"中对每一条公约的解释都是对二氧化碳相关知识的运用和推理。低碳公约的条款是随机产生的，还是从二氧化碳的来源、二氧化碳的消除两个角度系统思考得来的，体现的是学生的思路方法。面对生活中的矛盾问题，诸如上学路程较远要不要使用私家车，提高生活品质就会带来更高能源消耗等问题，理性看待、合理选择是学生价值观成长、社会能力发展的体现。

3. 成果的展示过程是全面总结与再提升的过程

对学生而言，项目成果的完成是他们智慧、能力的集中体现，是小组成员通力合作的结果，也是项目学习过程中最值得骄傲的地方。在项目学习中，成果展示是重要的学习环节。因为有展示环节，学生会用更高的标准要求自己，追求完美、追求创新，形成更高的能力素养水平。成果展示是对学生项目学习过程的全面肯定，完成项目成果本身就是学生对自我的超越，做了项目学习之前做不到的事情。成果展示的另一个作用是促进学生之间的高水平交流，当所有人都学习了相同的学科知识、学科方法后，每个人是否精准而清晰地掌握了这些知识、方法，这些知识、方法可以怎样应用于问题解决，在成果展示中都可以呈现出来，学生之间可以相互借鉴，也可以促进学生的全面反思。因此，项目成果设计时要考虑成果如何被展示。成果展示的方式非常多，成果类型不同，适合的展示方式也不同，如：实物类成果可以用课堂分小组演示、现场制作、实物使用效果比赛、展览、换小组体验评价等方式进行；作品类成果可以用课堂展示、海报张贴、网上浏览等方式进行；还有科普剧、辩论赛等既是成果内容，也是成果形式。无论哪一种成果形式，在展示的时候，既要展示出成果本身的特点、品质，更要给学生解读成果的机会，因为解读的过程是学生系统运用所学内容，形成有序推理的学科思路，进行精准严谨表达的过程，是学科素养的集中体现。成果展示活动中，如果采用课堂展示形式，一定要留给学生讲解制作原理、创新特点的时间；如果采用展览、海报等静态形式，一定要在作品旁附上成果介绍，介绍的内容要包含原理、特点等。总之，成果展示本身就具有教学意义，成果展示背后所承载的对学习成果的梳理也同样具有教学意义。

4. 成果留有创新空间

项目成果是驱动学生完成项目学习的因素之一，具有驱动性的项目成果在设计时一定要给学生留有创新空间。如果说成果中所呈现的学科主题要素、能力要素、价值观念是共同要求，是学生一般学习能力的体现的话，创新空间就给了学生多角度整合知识经验，深度加工相关信息，展现高水平能力和创造性思维的机会。这样更能激发起学生深入学习的动机和主动参与项目活动的积极性。以"二氧化碳"项目设计方案为例，制作简易灭火器这一项目成果，无论是气体产生原理、装置设计特点，还是装置使用材料都留给学生很大的创意空间，让每个学生既能够完成任务，又可以用不同的方式完成任务，体现自己的独特性，是一个很好的项目设计。完成"碳酸饮料的研究报告"这一项目成果，研究报告所包含的内容在项目评价方案中应有明确要求。如果研究报告所要求的内容都是学习过程中内容的再现或者网上查阅资料的整合，则项目成果缺乏创新性；如果项目成果中要求学生有创意设计，如设计碳酸饮料的妙用，引导学生将二氧化碳或碳酸的性质创新地应用于新领域和新问题中，学生会更乐于完成成果的制作任务。制作"低碳行动公约"这一项目成果，低碳行为有哪些在网上就可以查到，学生只有根据自己的生活实际发现和设计的低碳行为才是有创意和有意义的。

⦿ **第三节**
设计评价方案

体现学生的主体性是项目学习的特征之一。体现学生主体性的两个条件分别为：学生有自主活动的空间和学生知道最终的评价要求。前者允许学生自由地做自己想干和能干的事情，后者让学生知道学习必须达成的目标和可以发展的方向。评价对学生学习有着强烈的导向作用。评价什么，学生就会关注什么，就会花费时间和精力去学习或完成相应的要求。因此，评价方案的制定和宣布是项目学习的重要一环。项目学习开始阶段，师生共同认定项目总体学习目标和评价指标，在项目进程中不断细化完善这些标准，在成果展示与总结时形成完善的项目评价标准，发挥学生元认知能力，保证项目学习有序进行，学习成果有效落实。

一、评价指标设计

项目学习的评价指标一般包括结果评价和过程评价两个部分。结果评价是对项目学习的效果（即学生学到了什么）做出评价，过程评价是对学习过程（即学生如何学）做出评价。

1. 结果评价的评价指标设计

案例与活动 8

对于"践行低碳行动"项目，你会怎样设计评价方案以指导学生的学习并检验学习效果？

结果评价与学习目标的落实相对应。项目学习与其他教学过程一样，要保证学习目标、学习过程、评价指标的一致性。确定学习目标后，教师需要核对每一条学习目标是否有相应的学习活动支撑，每一个学习活动所承载的学生发展任务是否在学习目标中有体现。二者不能对应时，教师一定要判断是设计了无效冗余的学习活动，还是学习目标制定不合理。

知识与技能、过程与方法、情感态度与价值观是教师们以往制定教学目标时考虑的三个维度，在制定项目学习目标时这三个维度仍然适用。项目学习目标的表述一般包括以下基本内容：

通过项目学习能完成的作品/制作的成果/解决的问题（项目成果）

在项目学习过程中可以获得的学科知识（学科知识）

在项目学习过程中可以形成的实验技能/科研技能/生产生活技能（技能）

在项目学习过程中可以形成的思路方法/技术思想/操作程序（方法）

通过项目学习理解社会需求，建立或认同某种价值观念，并体现在日常行为中（价值观）

根据项目学习特点，结合项目学习目标，项目学习的结果评价可以包含以下评价维度：

知识、技能、方法的获得，包括这些内容本身和迁移应用

科学态度、学科情感、价值观的发展

项目成果的质量

项目成果展示时对项目成果的解读情况

其中，"对项目成果的解读情况"是指项目成果展示时，学生能否清晰地阐述项目成果制作原理、制作过程，自主进行效果评价及反思制作过程中的经验和不足，在面对他人的提问或质疑时能够进行合理回应。对项目成果的解读情况全面反映了学生对项目的理解深度，对相关内容的整合运用能力，是项目学习效果的综合体现。一些教师在项目学习评价中加入小组合作、质疑反思等维度。这些维度可以通过合作制作项目成果、对项目成果的多轮次改进与论证等活动而获得发展。由于很难明确表述学生在每个项目中这些维度的具体发展情况，所以可以由学生通过过程性体验进行自主评价。至于是否需要全体学生一致的等级评价，教师可根据学生相关能力素养基础和学习阶段灵活把握。

仅有评价维度还不够，教师还应努力明确每个维度学生可能的发展水平和在本项目中的具体发展指标。对学生而言，有了发展水平和指标要求，才能判断自己学习的程度，了解自己的优势和不足，明确努力的方向。对教师而言，明确了各维度的水平进阶，可以更清晰地分析学生的学习状态，诊断项目学习的成果和问题，以便做出及时反馈或在后续的学习活动中跟进调整。

知识、技能、方法作为学科本体的学习内容，是学生学科能力的基本构成要素，可以参考王磊教授关于学科能力表现的研

究[1]，刻画学生不同的学科能力表现情况，大致可分为：

简单复述、识别学习内容

将学习内容与已有经验建立联系，构建知识网络

系统分析讲解学习内容

简单变式应用所学内容解释现象、事实

应用所学内容解决新问题

综合应用所学内容和相关知识解释陌生复杂现象或解决复杂问题

态度、情感、价值观是人对客观现实的主观反映，是一种心理现象。这些主观认识也有水平差异，并可以通过行为表现出来。对于我们倡导的积极的认识，学生之间的差异大概表现在以下方面：

是否认同倡导的观点

是否能模仿跟从相关的行为

是否能解释说明倡导观点的合理性

是否将倡导的观点作为生活行为的准则

是否面对质疑能够有力回应捍卫观点

对于项目成果质量的评价，首先要考虑成果是否解决了项目问题或达成任务指标，实现所需功能，满足社会需求，同时设计理念与制作过程符合学科及国家倡导的价值观念。其次，根据成果类型不同增加相应指标，如实物型成果通常需要考虑成本、外观、耐用性、便利性；文创作品型成果需要考虑表现力等。

项目成果展示更多地关注展示过程中学生表现出的各种能力，如：解读项目成果时知识运用是否准确，论述是否严谨，是

---

① 王磊.学科能力构成及其表现研究:基于学习理解、应用实践与迁移创新导向的多维整合模型[J].教育研究,2017(9):83-92+125.

否说明本组形成高水平项目成果的关键因素，语言表达是否清晰，表达形式是否恰当；成果展示过程中小组表现是否积极、融洽，是否能合理分工且互动合作；面对他人质疑时，是否能够进行积极反思与合理论辩等。

2. 过程评价的评价指标设计

过程评价既是项目学习评价的组成部分，也是项目学习很重要的教学组织手段。项目学习以学生为主体，以小组合作为基本形式。小组合作时每个学生的分工不同，活动参与度不同，对小组成果的贡献力也不同，如果完全任由学生凭个人兴趣参加学习活动，很多小组活动会演变成一两个人的活动。另外，如果只有结果评价，缺少过程评价，也会影响学生对学习的理解，只重视结果与结论，忽视过程体验，看似知道了很多事实，但是并不能真正体会这些事实的价值，在面对真实问题时也难以调用多种知识、经验、技能，灵活变式地完成任务。通过过程评价，对学生参与学习活动、积极与他人合作提出要求，促进了学生在学习过程中的自我管理。

过程评价常以关键学习活动为单位，评价学生在项目学习活动中的表现及个人发展，从而实现即时诊断、反馈及学习调整。过程评价一般包含以下维度：

是否完成学习活动任务，以达成识记体验性学习目标，获得基本学习经验；

是否理解学习活动所承载的核心知识，并论证活动与知识的关系；

是否能建立学习活动所获得的知识经验、能力发展与完成项目成果之间的关系；

学习活动中是否积极贡献自己的观点，并努力理解他人意见、整合信息、完善观点；

学习活动中是否与小组有效合作，乐于承担，感受到学习过程中的自我成长。

过程评价的评价主体一般包括学习者本人、教师、学习伙伴。其中学习者本人的自我评价是至关重要的，决定学习者在后续学习中的动机、态度，以及学习能力是否持续进阶。教师评价既包括对学生群体的评价，也包括对具体个人的评价，是教师诊断学生学习效果及学生学习状态，确定后续教学活动的依据。学习伙伴间的评价给学生建立了参照系，一方面了解别人对自己的评价，另一方面通过评价他人，发现自己的优势和不足，进一步促进个人成长。

二、评价工具开发

评价工具是对评价指标的具体化，不同类型的评价工具可以满足不同的评价需求。

1. 以纸笔测验方式测查知识、能力类目标的达成

纸笔测验是最常用的测查方式，利用纸笔测验测查学生能力，需要先设计命题蓝图，即确定测查内容维度和每个维度测查的能力水平。在时间等条件允许的情况下，尽量覆盖项目主题的

核心内容和核心内容的不同能力表现，以便对学生学习状况做出准确判断。在命题蓝图的指导下，策划相应题目。通常，一个题目问点对应一个测查指标；对于能力要求高的复杂指标，有时也会出现多个问点对应一个能力指标的情况。在出题过程中尽量不要出现一个问点对应多个指标的情况，以免无法准确判断学情。

案例与活动 9

某教师对"践行低碳行动"项目中所承载的学科内容设计了测查命题蓝图（见表 2-1）和对应的测查题目。请你评价这套方案，并设想可以怎样实施测查。

表 2-1 命题蓝图

	简单复述、识别学习内容	将学习内容与已有经验建立联系，构建知识网络	系统分析讲解学习内容	简单变式应用所学内容解释现象、事实	应用所学内容解决新问题	综合应用所学内容和相关知识解释陌生复杂现象或解决复杂问题
二氧化碳的性质（与水、与氢氧化钠的反应）		1	2	3.（6）		4
二氧化碳的实验室制法	3.（1）3.（2）	3.（3）	3.（4）		3.（5）	

测查题目

1.根据本项目的学习，结合已有经验，请你梳理二氧化碳的性质。

2.CO_2 与 $NaOH$ 能否发生化学反应呢？请做出你的判断，并设计实验证明你的观点。

3.实验室要制备二氧化碳，请你：

（1）写出制备原理。

（2）画出实验装置图。

（3）将实验操作补充完整：组装仪器、_____、添加试剂、_____（填收集方法）收集气体、验满。

（4）木炭燃烧会得到二氧化碳，为什么这个方法不能用于实验室制备二氧化碳？

（5）某同学查阅资料得知用碳酸氢钠也可以制备二氧化碳，方法有两种：一种是 $NaHCO_3 + HCl = NaCl + H_2O + CO_2\uparrow$，另一种是 $2NaHCO_3 \xrightarrow{\triangle} Na_2CO_3 + H_2O + CO_2\uparrow$。请为这两种方法设计实验装置。

（6）某同学认为二氧化碳直接排放到空气中会带来温室效应，因此建议收集二氧化碳后将导管伸入事先准备好的氢氧化钠溶液中进行尾气吸收，但另外一位同学不同意。你认为不同意的理由是什么？如何解决该问题？

4.有科学家提出将工业生产排放的二氧化碳收集后，集中运送到海洋深处，用海水封存二氧化碳。你认为这个方法可行吗？使用这个方法需要考虑哪些问题？提出你的观点后再查阅相关文献，看看科学家与你的想法有什么相同点和不同点。

对项目主题学习内容的测查不一定集中在课后以考试形式进行，只要保证学生认真完成、独立思考，用作业的形式也可以，甚至设计成课堂中的学习活动也可以。重点是通过评价，教师要依据学生表现做出学情诊断并及时反馈；学生也能根据自己对测查题目的完成情况，判断自己的学习成果和能力发展水平。

由于学生之间存在差异，教师在设计测查题目时可以在不同能力指标上有所侧重。如案例与活动9中，教师没有设计复述识别二氧化碳性质的题目，而是要求学生完成二氧化碳性质的全面梳理（含物理性质和化学性质），学生一旦完成梳理任务构建起知识网络，自然就具备了知识的复述识别能力。教师也可以允许学生根据测查指标选择题目完成，达成自己设定的发展目标。

2. 以陈述性量表方式测查观念的发展或评价学习状态

态度观念有时可以用纸笔测验的方式进行，如下面这个问题："很多人一提到环保问题就会说'少开车、多种树'，这个举措有利于低碳吗？说出你的理由。"这个问题的测查指标是解释说明所倡导观点的合理性。再如："某同学提出大气中的二氧化碳主要来源于工业生产，限制工业生产是实现低碳的主要途径，日常生活对碳排放影响很小，所以我们不用特别注意低碳行为。对这个观点你怎么看？"这道题考查了学生面对质疑时是否能够捍卫观点。不过，需要注意的是，只有学生能够从多个角度（如日常生活中存在大量碳排放问题，日常生活中一些碳排放是不必要的，人口数量多所以不能小看生活中碳排放总量，生活中的高需求会增加碳排放）系统论证，反驳错误观点，才能达到考查的能力指标。

也有很多情况下，态度观念和学习状态不容易用问题来考查，可以考虑用陈述性量表。在陈述性量表中描述观点，按照同意或不同意的程度分为 5 个、7 个不同的等级，学生根据自己的实际情况，选择相应等级说明自己的观点，如表 2-2。

表 2-2　陈述性量表

观点	非常同意	同意	不知道	有些不同意	完全不同意
	5	4	3	2	1
我认为化学在缓解温室效应、加强环境保护等方面都做出了很大的贡献					
我认为每个人都可以在低碳行动中为保护环境做出自己的贡献					
我在探究过程中积极与同学合作					

表 2-2 中三个观点分别描述学生对化学的学科情感，个人对低碳行动的态度和社会责任意识，学习活动中参与小组合作的状态。通过选项教师可以了解学生观点，学生也可以更清晰地认识自己。不过陈述性量表也有缺点，陈述性量表不能说明学生的观点是一直具有的还是项目学习活动带来的，有些时候量表不能反映学生的真实状态，比如学生知道与同学积极合作是好的，即便真实情况下合作得并不好也会选积极合作。要避免上述问题，我

们也可以采取自陈对比式量表，一方面关注学生的观念、状态是怎样的，另一方面也关注项目学习是否带给了学生相应的发展。表2-2可以改成表2-3。

表2-3 自陈对比式量表

观点	5—非常同意 4—同意 3—不知道 2—有些不同意 1—完全不同意									
	项目学习前					项目学习后				
	5	4	3	2	1	5	4	3	2	1
我认为化学在缓解温室效应、加强环境保护等方面都做出了很大的贡献										
我认为每个人都可以在低碳行动中为保护环境做出自己的贡献										
我在探究过程中积极与同学合作										

也可以采用这样的对比式陈述："本项目学习后，我在考虑是否叫外卖、是否坐私家车出行时，会先想到环保，想到社会意义，然后才想到自己。"

3. 设计精准的观察量表进行活动表现评价

学生在项目学习中的各种行为表现，可以利用观察量表进行评价。观察量表中应列出希望学生做出的行为和具体行为要求。

化学项目学习
的思考与实践

教师、学生自己、学习伙伴都可以依据观察量表对学习行为做出准确判断。

用观察量表评价的行为通常有实验操作、成果展示、小组活动等。

实验操作的观察量表主要体现实验行为及要求。表2-4为实验室制备二氧化碳的实验操作观察量表示例。

成果展示环节的量表主要对成果展示中的成果呈现、说明解释、互动交流等情况进行评价。成果展示环节一般以小组为单位进行评价，也可以对个人做出相应的评价。表2-5为"自制灭火器"展示环节的小组评价量表示例。

表2-4 实验室制备二氧化碳的实验操作观察量表

操作环节	操作内容	达标情况
连接仪器	选择大试管、带导管的单孔塞、集气瓶、毛玻璃片、带铁夹的铁架台	
	将大试管和单孔塞连接	
	按从左到右的顺序组装仪器	
	将大试管固定在铁架台上，铁夹夹持在距试管口1/4~1/3处	
	导管伸入集气瓶底部	
检查装置气密性	准备烧杯并装入一定量的水	
	导管口插入液面下1~2 cm	
	用手攥紧试管使其微热	
	导管口有气泡产生，松开手后，导管内倒吸一段水柱且在一段时间内不回落	

（续表）

操作环节	操作内容	达标情况
添加试剂	取用试剂时，试剂瓶标签向手心	
	用镊子取用碳酸钙（块状固体试剂）	
	用药匙取用碳酸钠（粉末状固体试剂）	
	试管横放，将试剂放入试管再将试管慢慢立起	
	加入盐酸的体积不超过试管容积的1/3	
	添加试剂后，迅速盖上带导管的胶塞并将仪器固定在铁架台上	
收集气体	用向上排空气法收集	
	导管伸入集气瓶底部	
	用燃着的木条在集气瓶口验满	
整理仪器	从右向左拆分仪器	
	剩余试剂倒入废液缸	
	洗刷试管	
	仪器复位	
	擦净实验台	
实验记录	写清实验原理	
	绘制实验装置图	
	注明实验操作及顺序	
	记录实验现象	

表2-5　"自制灭火器"展示环节的小组评价量表

评价内容	评价指标	评价结果		
		优秀	达标	待发展
灭火器的质量	灭火器外观（能稳定放置，外形协调、美观）			
	灭火效果（20秒灭掉的蜡烛数）			
	操作便捷性（单人单手操作、单人双手操作、多人操作……）			
成果解读	反应原理解读（原理正确，能说明选择的理由）			
	装置设计原理解读（说明装置的组成要素及每个部分的设计原理）			
	对设计创新点的介绍（有创新点，能说明创新原理，创新有意义）			
	操作方法介绍（边示范边说明操作步骤，步骤表述清晰）			
	解读形式恰当（有必要的演示文稿、板书等，形式有利于听众对成果的理解）			
质疑互辩	对听众提出的问题能抓住问点，迅速回应			
	对问题的回应严谨、全面，论述清晰			
听取其他组介绍	*专心听取其他组成果介绍，并给予鼓励			
	*能发现其他组成果中的优点			
	*能发现别人成果的不足或者介绍中存在的问题，提出疑问或建议			

*　此指标用于其他组展示时的表现评价。

　　成果展示环节的评价方式可以采取全班同学给各个小组打分然后汇总的方式。打分结果不是最重要的，说明评分依据，发现小组间的不同，发挥学生相互合作、互相监督、互相鼓励的作用，是小组互评的重要价值。

　　对学生小组活动时的学习观察是项目学习的重要一环，也是所有以小组合作、自主学习为主的学习方式应该关注的一环。在小组合作活动中，教师很难每时每刻顾及每个小组，小组内的学生在小组活动中的投入状态差别也很大，因此需要用活动观察量表随时提示学生积极参与活动，并指导和评价学生。可见，活动观察量表是一种评价方式，也是一种管理策略。活动观察量表可根据测查需要采用行为状态描述的方式（见表2-6），也可以采用具体行为分析记录的方式。无论哪种方式都要注意行为的具体化，而不是仅仅模糊地评价是否参与活动，是否与同学合作。

表2-6　"自制灭火器"活动观察量表（用行为状态描述）

评价内容	评价结果
我积极参与制作方案的讨论	
我提出了制作建议	
我参与了动手制作过程	
我和小组同学充分合作	
我们小组想到了2个以上优化改进制作灭火器的关键点	

　　注：此表为学生自评量表，改变主语可作为互评量表。

　　采用行为分析记录的方式设计的"自制灭火器"活动观察量表示例如下：

制作灭火器过程中，我在小组讨论中提出的建议是_____

_____。

小组同学提出的以下建议对我很有帮助：_____

_____。

小组同学分工合作，我的任务是_____。

制作灭火器过程中，我们遇到的问题是_____。

我们对这个问题的思考和解决过程是_____

_____。

采用行为状态描述的方式进行评价比较简单，可以自评、互评同时使用，评价结果可以用是/否表达；也可以用赋分方式，如每项5分或者不同权重赋分表达。采用行为状态描述的方式有利于学生反思自己活动表现的状态及其与他人活动表现的差异。采用行为分析记录的方式则更有利于学生对活动全过程的再思考，有利于学生对活动的深度理解。实际教学中，两种评价方式可以结合使用。

第三章

项目学习的实施

第一节
项目导引的教学

　　项目学习的实施决定了项目学习特征的呈现和学习效果的落实。对于刚刚接触项目学习的教师来说，很多已经习惯了课堂推进过程和教学节奏由教师把握的封闭的教学方式，所以即便有了完整的项目学习设计，实施过程中也可能用以讲授为主的方式呈现出来，失去了项目学习的意义。因此，落实项目学习特征教学环节是保证项目学习有效性的重要策略。项目导引是项目学习的初始环节，也是引导学生了解项目任务、理解项目结构、明确项目目标的重要环节。

案例与活动10

　　下面是两个简要的项目学习设计案例，请你任选一个，设计项目导引课。

　　案例A①　项目使用对象为九年级学生，项目任务是"从海水中的盐到餐桌上的食盐"，项目内容主题包括"初步认识溶液体系""了解溶液性质""理解溶质、溶剂的定量关系""掌握蒸发的实验操作""知道蒸发是一种分离方法"。项目活动主要有"从

―――――――――
① 王磊.项目学习实验教材化学:九年级上册[M].太原:山西教育出版社,2018.

食盐水中获得食盐""去除粗盐中的杂质""获得含碘盐"等。

案例 B[①]　项目使用对象为高中必修学段的学生，项目任务是"制作一份详细的消毒剂使用说明书"，项目内容主题包括"含氯元素物质间的转化""氧化还原反应"。项目活动主要有"探究消毒剂有效成分的化学性质""解释消毒剂产品说明书（发现更多物质之间的转化关系）""探究不当使用消毒剂产生问题的原因"。

一、项目导引的教学功能

项目导引是项目学习的开端课，通过项目导引，学生需要对即将进入的项目做全面的了解。项目导引通常包含以下功能：

1. 明确项目任务和学习目标

项目任务是项目学习的起点和终点，项目学习由项目任务引发，完成项目任务后结束。项目任务的确定一般要基于项目应承载的学科内容主题，保证凸显主题，并覆盖主题的全部内容。项目任务可以由教师提出，也可以在项目方向明确的前提下由教师和学生共同确定。例如，某教师希望以生活中重要的有机物糖、醇、酸之间的转化为主题设计项目学习。对于项目任务，教师认为若能通过查阅资料、走访相关企业等方式了解乙醇的工业生产流程，会让学生有更广阔的学习视野，但是教师不确定学生是否喜欢这种调查活动。教师认为如果学生愿意自制米酒也可以，

---

① 王磊，陈光巨.普通高中教科书化学：必修第一册[M].济南：山东科学技术出版社，2019.

通过制作米酒理解葡萄糖能转化成乙醇并在条件改变时还会生成酸。项目导引阶段，教师提供素材：用玉米秸秆制作酒精是一种先进的生产工艺，可以变废为宝；我国自古以粮食酿酒，粮食酿酒与从玉米秸秆中获得酒精在原理上有一定的相似性。教师提出问题：我们要一起研究酒精是怎样得到的，这个过程中会发生什么，大家更愿意研究玉米秸秆获得酒精的过程还是粮食酿酒的过程？学生先在小组内讨论，然后全班交流，大家的意见不太一致。教师正考虑要不要让不同小组研究不同的项目任务时，一个同学提出自己家里酿的葡萄酒质量时好时坏，想研究如何酿葡萄酒。这个话题引起了学生们的热烈讨论。当时社会上正时兴自酿葡萄酒。教师考虑自酿葡萄酒也能承载项目主题的要求，而且这个研究还能让学生解释自酿葡萄酒质量不稳定的原因，指导家人酿制葡萄酒，更有利于学生强化学科情感和学习的意义感。于是，这个班的项目学习任务就按照学生们的意见确定了下来。

　　项目任务依据项目主题确定，项目任务一定要承载预定的项目主题，但项目任务确定后有时还会对项目主题有所调整，通常是稍作增加。例如，教师要将溶液的相关学习内容作为项目主题，一位教师以"随心所欲做饮料"作为项目任务，让学生体会不同溶剂的性质差异及不同溶质在水中的溶解程度。由于会涉及乳品饮料和含有果粒的饮料的制作，该项目主题中还增加了悬浊液、乳浊液的认识。另一位教师以"从海水中获得食盐"为项目任务，除了溶液的相关知识，还要有蒸发、结晶等物质分离的思路方法，所以项目主题也相应地增加了。在项目导引阶段，根据项目任务和主题的不同，学生完成的项目导引活动也会不同。"随心所欲做饮料"项目，学生的第一个活动可能是"饮料有哪些类型，分别是怎样得到的？""从海水中获得食盐"的项目则需要先确立纯净物、混合物的概念，分析海水和食盐的区别与联系，从而明确项目任务的本质是从混合物中分离出纯净物。

一旦项目任务和项目主题确定，在教师眼里，项目学习目标就清晰了。项目学习目标包括成果目标，项目主题所承载的知识、技能、方法类目标，基于本项目的对具体问题类型的情感态度价值观目标（如"自酿葡萄酒"项目让学生体会用化学知识指导家庭生活），基于学段规划的能力素养发展目标（如从开始进行项目学习时的教师指导小组分工到自主分工有序合作）。每次项目学习会有不同的目标要求。在项目导引阶段，教师应该根据教学需求展示学习目标。首先，成果目标必须清晰地呈现出来，这是学生项目学习的基本方向；其次，知识、技能、方法类目标可根据学生已有基础酌情给出，至少要给出概括化的项目主题，如自制饮料项目主要研究溶液问题，让学生思维定向，并在学习过程中构建一个知识组块。过于细节的知识、方法目标在起始阶段不一定要展示出来，以免使学生只关注细节结论，忽视知识建构过程和知识之间的关系；对于基于学段规划的能力素养发展目标是可以预先提出的，这是学生在学习过程中的行为要求，预先了解，有利于学生提升自我要求。

2. 确认研究范畴

项目问题或任务都来源于真实问题。真实问题的特点是复杂性。复杂性主要体现在真实问题可以从很多角度进行分析，同一类问题可以有很多素材载体，而学习过程通常以其中的一两个角度为主，选择代表性素材进行研究，因此，确定重要而合理的分析角度、选定合适的研究素材是教师要思考的问题。复杂性还体现在真实现象是多种影响因素共同作用的结果，无论是项目学习过程还是真实生产过程，人们一般只能调控部分影响因素获得需要的结果，因此教师要根据学习需求和实际情况选择部分值得研究的调控因素，对于其他影响因素则通过控制变量等方式排除。从真实问题中可以不断衍生新的问题也是真实问题复杂性的体现。

　　由于我们所讨论的项目学习是基于国家课程标准的课程学习过程，需要承载确定的课程内容主题，且有学习时间的限制，所以，根据学习目标和实际情况设定项目学习任务的大小，明确研究范畴，既要保证学习目标的达成，又要保证学习时间被充分利用。这是项目学习导引阶段需要完成的任务。

　　例如，对于"制作消毒剂使用说明"这一项目，学习的主题如果只是氧化还原反应的复习，根据物质核心元素化合价判断物质可能具有的氧化性或还原性并用实验验证，其学习载体只用84消毒液这一种消毒剂，主要讨论其有效成分次氯酸钠的性质和转化就可以了。学习的主题如果定位于氧化还原反应的复习，同时还要建立含有同种元素（氯元素）的物质之间的转化规律，或者定位于氧化还原反应的学习，项目中涉及的消毒剂就不能只有84消毒液一种，至少还要涉及氯气（液氯）、漂白粉等多种含氯消毒剂。如果教师希望学生看到更多的氧化还原反应的变式应用，或者视野更宽一些，体会杀菌消毒的过程是化学变化的过程，可以通过不同的化学反应来实现。那么，项目学习的载体就应该从含氯消毒剂扩展到过氧化氢、过碳酸钠等氧化性消毒剂，还可以有酒精、食盐、食醋等非氧化性消毒剂。当项目主题、任务不同时，教师在项目导引活动中布置给学生的任务就有可能不同。对于第一种情况，教师可以让学生去了解和记录家中是如何使用84消毒液的；第二种情况下，教师可以指导学生调查生活中哪些地方使用含氯消毒剂，使用哪种含氯消毒剂；第三种情况下，教师则可以让学生去超市看市场上有哪些类型的消毒剂。

3. 形成研究规划

成年人做项目要有项目计划书，其中包括项目背景、任务目标、工作路径、时间规划等一系列要素。学生的项目学习也是如此。在项目学习中，学生就是项目的负责人，他们要以小组为单位，完成项目任务。作为负责人，他们要清楚项目完成的路径，以及大致的时间安排，所以在项目导引阶段，学生要了解研究规划。不过，与成人做项目不同，成人承接的项目通常自身具有足够的经验和能力，对项目过程应该有足够的预见性和规划能力，而学生做项目是为了学习，每一个项目带给学生的是不同的经验、方法和过程，所以项目的研究规划有时需要教师引导学生共同完成。

虽然教师对项目有较为精细的活动设计，但是在项目导引阶段，学生缺乏相应的知识基础和方法储备，难以理解细节的设计和要求，所以教师要力求适度地帮助学生把握项目框架，又不过分纠结细节，以免学生在学习过程中成为被动执行者而失去主动探索的意识和机会。如"从海水中的盐到餐桌上的食盐"项目，学生在项目导引阶段能完成的分析包括：海水中有食盐、水、其他难溶和可溶性杂质；从海水中获得食盐是从海水中去除水和其他杂质只保留食盐的过程；由于物质性质不同，从海水中去除水、难溶性杂质、可溶性杂质的方法也会不同。因此，学生能策划从海水中去除水、去除难溶性杂质、去除可溶性杂质三个活动，这也是项目推进的三个阶段。至于教师设想的更精细的活动内容（如在从食盐水中去除水的活动中指导学生认识溶液由溶质和溶剂组成，溶质和溶剂的比例关系决定溶液的浓度，溶质在溶剂中达到溶解极限时会形成饱和溶液等内容），在项目导引阶段学生难以理解，所以在设定项目学习目标和形成研究规划时都不需要涉及这样的细节。

4. 知道成果要求

形成项目成果是项目学习区别于其他学习方式的重要特征。项目成果也是学生进行项目学习的直观目标。项目成果要求应该包括成果主题、成果形式、成果内容、展示要求等。项目成果需要与项目任务一致，体现学习项目内容主题后学生获得的发展，尽可能覆盖项目学习目标。对项目成果的要求越精准，越有利于学生自我设定合理的学习要求，自我监控学习过程。

以"制作消毒剂使用说明"这一项目为例。当项目学习载体是84消毒液，项目学习主题为氧化还原反应的复习时，项目成果要求可以设计为：制作84消毒液使用手册。具体要求有：说明84消毒液使用方法，常见使用误区，保证使用安全且增强使用效果的实用策略，以及对使用方法、误区、策略的原理解读。当项目学习载体为多种含氯消毒剂，项目学习主题包括氧化还原反应和含氯元素物质之间的转化时，项目成果要求可以设计为：任选一种含氯消毒剂，制作使用手册。具体要求包括：说明该消毒剂的使用方法，该消毒剂与其他含氯消毒剂相比的优势或不足，增强使用效果的实用策略，并对上述内容从原理上做出解释。当项目学习载体为各种消毒剂时，项目成果可以设计为：制作家用消毒剂使用指南。具体要求包括：说明每种消毒剂的适用范围、消毒原理、使用方法、常见误区，为家里设计合理的消毒剂清单（既保证达到家庭消毒效果，又不让家中存放过多功能重复的消毒剂），说明选择所列消毒剂的理由。

5. 了解学习方式

项目学习以学生为主体，因此学生以项目学习方式开展学习活动必须有足够的准备。一是学生要有主动学习、积极投入的状态。有一些学生习惯了教师以知识讲授为主的教学方式，在课堂上等待教师在黑板上写笔记、加重语气说重点的那一刻，而中间的环节他们是放松的。在项目学习中，学生大部分时间都在自主探索，一直处于投入状态，如果学生被动等待探索结果，那么就丧失了项目学习促进学生深度学习的意义。二是学生要有学习的责任感。学生通过逐一完成项目活动来完成学业任务，获得项目成果。每一项活动完成的质量高低、速度快慢决定了项目进展情况和最终学习目标的达成水平。有责任感的学生在活动过程中会考虑是不是做到了最好，还能不能更好。学生的自我追问是引发深度学习的关键。三是做好分工与合作。小组内的讨论拓展了学生认识问题的角度，组内分工与合作可以保证活动、任务完成的速度和效果。小组内学生之间总有差异，分工合作要保证每个学生在组内有价值感和存在感。所以在刚刚接触项目学习时，小组怎样分工，如何合作，教师都要有较为细致的指导。等接触多了，学生有了经验就可以自主分工。分工合作时有以下几个策略可以参考：通常在一个学段内小组成员相对稳定，有利于学生之间的磨合，合作会更顺畅；分工时小组内尽量安排一个记录者，记录大家的观点、操作过程、看到的现象等，每个小组可以有一个项目活动记录本，这样学生可以看到项目发展的全过程；教师可以建议小组在不同的活动中轮换分工，比如每次活动选不同的活动记录者、活动发言人及活动小组长；对学生进行评价时要有小组合作的自评和互评。

二、项目导引的设计与实施

案例与活动11

表3-1是一位教师在"从海水中的盐到餐桌上的食盐"项目导引中的教学行为，请你推测学生行为，并分析教师各个教学行为的功能。

项目导引需要教师精心设计。项目导引首先要让学生感受到项目的价值，可以是社会意义，也可以是对学生自身的意义；其次要落实项目导引的各项功能，保证项目学习顺利开展。

化学项目学习
的思考与实践

表3-1 "从海水中的盐到餐桌上的食盐"项目导引中的教学行为

教师行为	学生行为	教学功能
利用图片，结合语言文字向学生传递以下信息：食盐与人体健康关系密切，过多或过少都会带来危害；食盐自古以来就是非常重要的资源；盐湖、盐矿、海水都可以产盐；随着社会发展，运输越来越便利，海水成为我国食盐的主要来源。		明确项目背景，建立项目意义。
提出问题：怎样从海水中得到食盐呢？	学生回答：晒盐。	
有的同学知道海水可以晒盐，为什么晒海水就能得到盐？晒海水就能得到餐桌上的盐吗？得到食盐只有晒海水这一种方法吗？作为科学学习者，我们需要更系统严谨地讨论问题。想完成从海水到食盐的转化过程，就要先知道海水和食盐到底有什么区别和联系。咱们一起分析一下海水和食盐的成分。		
经过分析可知：海水是混合物，食盐是纯净物。我们的任务是将混合物中的物质分离，得到纯净物。自然界中的物质大多为混合物，人们在利用自然界的物质时，常常需要从混合物中提取有功能的纯净物，必要时再将纯净物制成功能更全面的混合物。例如，海水是混合物，从海水中提取的食盐为纯净物，我们还可以为了健康，在食盐中加入碘酸钾制成混合物含碘盐。		

（续表）

教师行为	学生行为	教学功能
在这个项目中，我们将研究如何从海水中去除其他物质获得食盐。在学习过程中，同学们还要发挥创意，以小组为单位研究怎样将腌制盐变成食用盐，再添加适当成分做成适合某类人的营养盐。从腌制盐到营养盐的制作过程要有录像，要说明制作原理，要用营养盐做一道菜，请家长品尝后说说品尝感受。		
从海水中获得食盐，就是要去除海水中的其他物质。你打算分几步进行研究呢？		

　　项目导引一般包括以下环节：

　　项目背景和意义，帮助学生了解项目背景，建立项目意义，使学生乐于了解项目内容，参与项目活动；

　　项目任务或问题，清晰阐释项目任务，说明研究的问题及研究界限，使学生知道项目学习主题，形成学习定向；

　　项目成果和目标要求，确定项目成果，理解项目成果和项目任务之间的关系，说明成果要求和展示要求，了解项目学习目标；

　　项目规划和方案策划，拆解项目任务和问题，规划主要项目活动，初步策划小组活动的分工合作方案。

　　项目导引的各个教学环节不一定按上述顺序依次完成，可以根据项目特征调整顺序，甚至可以组合穿插。例如，"自制灭火器"的项目任务与项目成果相呼应，项目任务更强调学习过程，理解灭火器的工作原理；项目成果更强调应用过程，运用学习到的知识，创新制作灭火器。项目任务和项目成果在项目导引时可以一起提出，对项目任务进行规划后，再提出项目学习目标，便于学生理解项目活动与项目学习目标之间的关系。

项目不同，项目导引所需要的教学时间也不同。有的项目导引需要占用教学课时在课内完成，如案例与活动11中的项目导引大约需要30分钟。有的项目导引可以设计为课前作业，课上占用少量时间交流讨论确定学习目标，如"制作84消毒液使用说明书"项目，课前教师布置的任务是：每个人在家用84消毒液做一件事，记录操作过程，说说在做事过程中有什么发现。还有的则把项目导引中的任务提前很久就布置给学生，"项目导引"实际上变成了一个微研究。例如，"改良土壤"项目[①]，教师指导学生用等量的水、酸性溶液、碱性溶液种植植物，连续几周观察生长情况，体会酸碱性对植物生长的影响，理解"认识酸碱性和改变酸碱性"的意义。

并不一定要把所有要素都呈现在项目导引中，有些会随着项目的推进逐渐展现出项目导引中所包含的要素和功能。例如，以辩论形式开展"某城市是否可以建PX（对二甲苯）"项目，其成果要求就是准备辩论稿并参与辩论。因为是辩论活动，本身带有竞赛性质，教师可以先不给出评价指标，而是在分组辩论过程中双方通过论辩、质疑逐步加深对学科问题的理解，树立正确的价值观。随着辩论的推进，学习目标也越来越清晰。项目活动中，教师可以采用多轮次交流的方式推进项目。第一轮次，学生查阅资料，知道PX是什么，摆明观点。第二轮次，正反双方分别陈述观点，开展预辩论，师生共同点评辩论过程，重点不是哪

---

① 王磊.项目学习实验教材化学:九年级下册[M].太原:山西教育出版社,2018.

方观点正确，而是各方观点跟证据系统之间的关系，师生共同形成辩论评价规则，包括应思考的角度及论证水平。第三轮次，小组观点陈述，此时不一定按照双方观点分组，每个小组可以任意确定自己的观点，以免约定的观点限制了学生的论证。各小组进行观点陈述和论证，评价规则（量表）示例见表3-2。

表3-2 "某城市是否可以建PX"项目评价量表

思考角度	各角度论证水平			
	← 高		低	
项目本身的可行性	能够系统分析城市可利用资源、产业，结合化学反应机理论证项目可行性	能够将城市资源与化学反应原料或条件相匹配，论证项目可行性	能够根据化学反应原理论证可以制得对二甲苯	只能根据资料中的结论说明可以制得对二甲苯
项目本身的危险性	系统分析项目的危险性，同时考虑危险的可控性	从化学反应本身、原料供应、产品运输等方面系统分析项目的危险性	能从反应物、产物性质，反应条件推测项目的危险性	只能根据资料中的结论说出项目有一定危险性
项目的社会价值	从对二甲苯转化关系、转化后的产物价值及经济因素、国力因素等论证项目价值	能从对二甲苯的转化关系及对二甲苯转化后的产物价值来论证项目价值	能从对二甲苯的转化关系论证项目价值	只知道项目能生产化工原料

（续表）

思考角度	各角度论证水平			
	高 ← 低			
项目对环境的影响	系统分析项目对环境可能的影响，同时考虑环境影响是否可控制	从资源开发、产品利用、化学反应及其条件等多个角度分析项目对环境的影响	从反应物、产物本身分析项目对环境的影响	认为化工企业一定对环境有影响
项目可行性总体判断	多角度论证项目可行性，关注社会利益、国家利益，也注意保护个人利益	关注多角度证据，主要关注个人利益	主要依据某一角度	没有明确观点或有观点没证据
论证能力评价	多角度论证，观点和证据匹配，依据多角度形成结论	单一角度论证，观点和证据匹配，依据单一角度形成结论	有证据意识，但论证不严谨，或者观点和证据不匹配	缺少论证

第二节
项目学习的组织与调控策略

项目学习以学生为主体，但是教师在项目学习中所起的作用比一般讲授法更重要。在讲授法中，教师更多的是表达自己的观点；而在项目学习中，教师要努力让学生表达观点，还要让学生发现自己的不足，并得到完善和发展，建立新的观点体系。这样一个复杂的过程不可能自然而然地发生，需要教师精心设计活动，并合理组织和有效调控学习过程。

一、保证自主学习的发生

保证项目学习目标有效落实的基本要求是学生自主学习的发生。自主学习的本质是学生独立认知、主动思考、自主建构。项目学习虽然设计了大量学习活动，但是在实施过程中如果教师没有给学生足够的时间和空间，而是在学习过程中过多地提示、指导、讲解，以知识落实为第一教学目标，学生很难产生自主学习。即便教师给了学生学习空间，小组内的"学霸"由于学习基础好、反应快，在小组学习活动中往往占据主导地位，其他学生会主动放弃自主思考，跟随"学霸"的观点。为了保证自主学习的发生，教学的基本原则是要给学生独立思考、自我表达的机会，允许学生有不同的学习节奏。可以使用以下策略：

做好规划和计划：项目导引中进行项目规划是为了学生能从整体上了解项目结构，理解项目进度，建立活动间的关联。在项目导引阶段明确项目能在多长时间内完成，每个活动需要在哪个时间点完成，有利于学生把握学习节奏，通过课内外结合，自主调整学习进度，以保证项目学习的顺利完成。对于具体活动，教师也可以引导学生做好活动计划，包括理解活动目的，知道活动环节，明确总体活动时间，以保证学生在活动中及时调整节奏，完成任务。

提出独立思考要求：在项目学习中，通常以活动为教学单元。活动过程在小组内完成，活动结束时进行全班交流展示，梳理活动成果，落实学习内容。为了保证自主学习效果，教师要在活动时提出促进学生独立思考的要求，例如：在活动开始阶段要求每个人先设计活动方案，再进行小组交流，选择合理的方案实施；在活动进程中，教师在观察小组学习情况的同时可以随机询问小组成员活动的进程、自己的任务、活动目标，也可以请小组成员解读活动方案；要求每个学生在活动结束时完成活动笔记，实现从活动过程到学习目标的自主关联；活动展示时，可以随机要求小组成员展示项目作品；有些项目，如现场操作类，虽然小组会选出代表演示，但每个成员都有机会对成果进行解释，以保证每个成员建立了自己对活动承载的学科问题的认识体系。

实施组长轮换制或分工轮换制：自主学习、主动思考是一种习惯。教师常年用讲授法教学，学生在学习中会期待教师给结论、给答案，把关注点放在了教师板书和总结上，因此学生要经过一定的培训才会投入探究活动,重视结论获得的过程。学生在小组活动中也是如此,如果经常接受他人的指挥,或者只承担诸如活动计时、现象记录、清理实验用品等思维容量小的任务,就会放弃主动思维,以他人的观点作为自己的结论。因此,开展项目学习时,教师可以根据班级小组组建情况,按一定周期更换组长,保证不同的学生都具备整体策划能力;也可以指导小组注意分工策略,保证尽可能多的学生参与高水平思维任务,并在不同活动或不同项目中轮换分工。

针对个体的过程性评价:评价是重要的学习调控策略,评价内容直接影响学生的学习焦点和学习状态。针对学生个体进行过程性评价,可以有效改善学生在活动过程中的参与状态和投入程度。对学生个体的过程性评价可以有教师评价、学生自评和小组互评等不同形式。教师评价是指教师通过观察学生在小组活动中的表现及在全班交流时的表现做出评价;学生自评主要是反思活动过程中自己是否积极参与学习,是否努力在小组合作环节做出贡献;小组互评主要是从小组同伴角度评价学生对小组的贡献、合作态度,以及学习状态和效果。所有评价都应在学习活动开始前说明评价方法和内容,学生自评和小组互评可以用评价量表的方式。

二、创设合作学习氛围

项目学习的任务和活动具有综合性、复杂性,需要合作才能在较短的教学时间内完成。也正因为合作,学生才能从不同角度看同一个问题,才会互相激发并产生丰富多样的观点。项目学习中的合作既包括小组内的合作，也包括全班交流时的相互借鉴和观点碰撞。合作学习需要适宜的氛围，教师可以从以下几个方面创设合作氛围：

一是让学生体会合作的价值。项目任务和项目活动设计要有分工的空间，体现出合作才能做得更好。在展示交流环节，倡导小组成员组合展示，有演示的、有讲解的、有准备演示文稿的。

二是认真倾听，用各种方式反馈学生的每一种观点，形成每个人的观点都很重要的意识，建立平等交流的氛围。对于持有特殊观点的学生，应采用开放接纳的态度鼓励他们论证自己的观点，或者请其他同学帮忙论证观点。

三是指导合作学习。项目学习之初，教师要特别关注合作学习的质量，指导学生之间的合作。比如，培训小组长，说明小组长的职责，指导如何做好组内分工、如何调动每一位同学的积极性、如何保证每位同学深度参与等；在合作活动中，教师可以指导学生分工，通过随机选择组员展示等具体要求促进组内合作，在巡视中及时解决合作中出现的问题。

三、即时反馈与及时调整

项目学习通过学生的自主学习来推动。学生对学习过程和结果缺乏预见性，因此，学生在学习过程中需要不断获得反馈来决定自己的学习进程。反馈本质上是一种信息沟通，也是学生的心理需求。通过反馈，学生感受到自己被关注，同时对自己的学习成果做出合理判断。反馈并不一定总是教师在回应学生，反馈可以有多种形式。

1. 确认型反馈

常用在学生思路清晰、方法明确时，对学生的工作结果给予肯定，学生可以尽快转入下一个活动环节。确认型反馈较少占用教学时间，常出现在教师巡视小组活动或者某位同学完成分工任务后等待其他组员认定的情况下。确认型反馈是一种鼓励，证明学生能够胜任某项工作，帮助学生提升自我效能感。确认型反馈也能让学生在完成前一项工作后学习动机下降的情况下产生新的学习动机。确认型反馈虽然很简单，但不可忽视。

2. 辅导型反馈

学生遇到难以解决的问题，或者虽然知道怎么做但是不能给出严谨自洽的解释时，需要辅导型反馈。当班内绝大多数学生遇到相同的问题，且问题出现在同一时间点时，教师可以采取集体辅导的方式进行反馈。需要注意的是，教师要区分问题形成的原因，若是缺少某一个具体信息而无法完成任务，这属于活动设计的问题，责任在教师，只要补全信息就可以解决；若是因为缺少思路方法而无法解决问题，教师的辅导应该指向这类问题的解决方法，而不是指向这个任务具体如何完成。例如，"践行低碳行动"项目中，"二氧化碳是从哪里来的"这个问题，学生凭经验和记忆零散地找到了一些物质或反应后就不知道还可以做什么了。这时候教师没有让各组展示，而是在生活中进行了辅导：

教师："各组都找到了一些能转化成二氧化碳的物质和反应，你们找的物质有什么特点呢？"

　　学生："含有碳元素。"

　　教师："大家是怎么找全含有碳元素的物质的，你的思路是什么？"

　　学生互相交流，提出一些想法。

　　教师："大家刚才说的是从不同的领域寻找含碳物质，以减少遗漏。比如，大家提出从自然界、生产、生活、家庭中寻找含碳物质，还有同学提到了实验室。有了含碳物质，这些含碳物质可以通过哪些化学反应得到二氧化碳，大家又是怎么想的？"

　　学生简单交流，有的说看含碳物质中有没有氧元素，是否需要增加含有氧元素的物质。

　　教师："大家是否可以尝试从不同反应类型考虑获得二氧化碳的方法？"

　　更多的时候，学生学习的节奏并不完全一致。当进行全班辅导时，或许对一部分学生来说辅导有些滞后了，还有一部分学生可能还没有达到需要辅导的阶段，因此他们对辅导价值的理解和重视都不够。此时，教师可以采用小组辅导的方法。如果教师对学生的学习障碍点有预设，也可以把辅导内容录制成视频，供学生需要时观看，且可以反复观看。

3. 追问型反馈

　　有的时候，学生只满足于完成任务，缺少对"为什么可以完成任务"的思考。还有的时候，学生在活动过程中看似遇到了难题，实际上是在完成任务的过程中推理不严谨，缺失了关键要素，导致后续没了思路。此时，教师可以用追问型反馈，通过追问使学生自我反思，自主梳理思路中的盲点，解决问题。例如，"设计汽车中的安全气囊"活动[①②]，学生的任务是寻找用作安全气囊气体发生剂的物质及其反应。学生一开始没有设计思路，教师可以追问"安全气囊的功能是什么？气体发生剂需要满足哪些条件才能实现其功能？"学生据此可以选择能生成气体的、反应条件适宜的、反应物或生成物无害的物质作为安全气囊的气体发生剂。教师提供"NaN_3是安全气囊中的主要物质，受撞击或受热会分解，同时安全气囊中还有Fe_2O_3、$KClO_4$、NH_4NO_3、$NaHCO_3$等物质"这一信息，请学生分析各物质在安全气囊中的作用。学生通常只会从物质角度进行相关分析。研讨陷入僵局时，教师追问："大家都从物质转化的角度分析化学反应，还有没有其他值得关注的角度？"一旦学生想到能量角度，后续的分析就畅通了。

4. 交流型反馈

　　一般出现在活动过程中，参与交流的人员身份平等，交流的目的是确认大家的观点是否一致，有何差异。交流让每个人的观点更加完善。交流型反馈可以发生在小组内部个人独立思考后，比如个人独立设计活动实施方案，然后组内交流，修改完善，形成大家都认同的实施方案。交流型反馈也可以发生在组与组之间。面对同样的任务，每个小组的方案都各有重点关注的角度和特色，通过交流，可以确认自己的优势，也可以发现设计中的不足。交流型反馈还可以发生在教师和学生（个体或小组）之间。

① 王磊，陈光世.普通高中教科书化学:必修第一册[M].济南:山东科学技术出版社，2019.

② 活动设计由首都师范大学附属云岗中学万金伟提供。

此时教师和学生从心态和交流目的上来说一定是平等的，教师不是为了纠正学生的想法才与之交流，而是真心想了解学生持有怎样的观点，学生的观点与自己的有什么不同。一方面，可以从学生的想法中获得有价值的信息，更新自己对同一问题的认识角度或解决方案；另一方面，可以发现学生习惯的思维方式和观点中的缺失，为准备辅导型反馈或者后续的教学设计打下基础。在进行交流型反馈时，教师一定要有意识地控制自己的言行，以倾听学生的观点为主，让学生感受到教师提出的观点只是众多观点中的一种，不是"标准答案"。在学生面前，教师代表着"权威"，如果交流时不注意，学生自然会等着"权威"来评判自己的观点，从而抑制了学生为自己观点辩护的愿望，教师也会因此失去了解学生原始想法的机会。

5. 评价型反馈

常用在一个活动结束时，以评价的形式对学生的学习成果进行反馈。评价的方式和内容参见第二章第三节《设计评价方案》。评价的目的不仅仅是给出评价结果，更是为了让学生得到全面细致的反馈，进一步完善学习成果。项目成果是学习结果的集中输出。随着项目的推进，学生学习的内容越多，越能清晰地构思成果完成的方案。所以，每完成一个项目活动，学生应该反思一下该活动是否促进了项目成果的生成。这属于自我评价反馈。

即时反馈有利于学生的自我反思。根据反馈结果，学生可以及时调整思路和方案，更有效地落实学习目标，达到自己满意的学习效果。即时反馈也给教师提供了更丰富的信息，了解学生的学习状况和项目进展情况，教师也需要根据反馈情况进行及时调整，包括判断活动主题的适切性、活动设计的精准性，是否需要补充学习资料或增加辅导性教学等。在反馈过程中，经常会有学生的观点超越教师的预设，特别是学生提出的一些有价值的问题，应该引起教师的重视。这些问题是学生感兴趣的问题，也是处于学生发展区内的问题，应该考虑在项目中增加对这些问题的探讨。如果问题不在本项目的主题范围内，或者因为难度、时间等不适宜作为学生共同解决的问题时，教师要注意把这些问题收集起来，用作后续教学、新项目开发的素材，实现项目的增值。

四、运用整合的思想

随着教育理念的更新，项目学习得到越来越多的认同，很多教师愿意尝试用项目学习的方式开展教学。但是在尝试过程中，教师们遇到的最大的困难是教学时间问题。项目学习除了关注学科本体知识外，还关注知识在生产生活中的应用，还要求学生自主生成真实的成果，教学内容比常规教学丰富很多。以往真实问题只是习题包装的素材，只需关注学科知识本体，进行理论推导即可。项目学习不仅以真实问题为研究对象，还要关注理论应用之外的现实效果，包含技术、经济、环境、文化等各种要素，思考问题的角度和复杂性大大增加。因为面对真实问题，环境、条件的细微改变都可能带来不同的结果，各种新奇的现象成为学生关注的焦点，同样也会占用学习时间。

要想解决项目学习的教学时间问题，通过压缩项目学习本身导致项目学习失去关键特征的方法肯定是得不偿失的，所以解决问题的最佳途径是整合。首先是课上学习与课下学习的整合。对于项目学习中需要同伴之间交流讨论、需要教师重点辅导、需要实验操作的内容应该在课上完成。对于资料阅读、背景调研、问题解决方案的初步设计、学习成果的自主梳理等都可以用课前、课后作业的形式完成，作业成果再拿到课上讨论。

　　整合的方式还包括项目学习与其他教学的整合、项目与项目之间的整合。项目不一定是一段时间的唯一学习任务，有些项目持续时间较久，教师可以统筹规划，在较长的时间周期内，根据项目节奏，每隔一段时间组织一次关于该项目的研讨。例如，"土壤改良"项目[1]，学生要了解土壤酸碱性对植物生长的影响，改良土壤酸碱性是否能改善植物生长情况，土壤肥力对植物生长的影响等。这些问题的结论可以通过资料查询到，但学生并没有真切的感受。在项目学习中，学生要亲自调查检验土壤的酸碱性；用不同酸碱性的土壤（营养液）培育植物，观察生长情况；改善土壤肥力（营养液配方）观察植物生长状态。种植是需要时间的，这个项目可以规划几个月的时间逐步完成：

　　最开始，每个小组用教师给的"神秘"溶液种植同一种植物。绿萝、豆芽、青蒜……方便种植且容易成活的植物都可以。植物放在教室里，各小组除"神秘"溶液（即营养液）不同外，其他条件都相同。一段时间后，学生观察到植物的生长状况不同。通过酸碱性测定实验，发现土壤酸碱性和植物生长的关系，学习身边物质的酸碱性。通过酸和碱反应的关系，了解改变物质酸碱性的方法，设计调控溶液酸碱性。学生准备酸碱性相同的溶

---

① 王磊.项目学习实验教材化学:九年级下册[M].太原:山西教育出版社,2018.

液，如氯化钠溶液、硝酸钾溶液、水，种植同一种植物，讨论影响植物生长的另一因素——肥料，讨论常见的肥料以及混合施肥时需要注意的问题，进而学习复分解反应条件。学生用自配的营养液（或调整教师提供的不合理的营养液）来种植植物，观察生长效果。

项目学习面对的是真实问题，所以开展项目活动常常需要多学科知识。在一门课程的教学时间内，夹杂其他课程的知识，教学时间自然会紧张。如果几门课程联合起来做项目，各学科共同分担教学时间，结果就好多了。化学课程可以和多个学科整合设计项目，特别是科学课程，例如：与生物学科结合研究酿造、种植、饮食与人体健康；与物理学科整合研究电化学；物理、化学、生物学三科整合研究能量转换的多种形式，设计供暖方案；等等。

基于学科课程的项目学习还可以与综合实践活动等其他学校教育形式整合，如酿造项目也可以在综合实践活动中完成。再如，"厨房优化计划"项目[①]主要承载了重要的营养物质的学习，该项目可以安排在假期，作为学生的社会实践活动来完成。学生在家帮助父母整理厨房中的各种食品，了解食品保质期，设计食品保存方法，并通过文字、图片、视频等形式记录学习过程和成果。教师可以组织学生通过网络展示学习过程和成果等。整个项目不需要占用课时。根据学生假期参与项目的情况，教师也可以在开学后组织一次项目交流，以保证项目学习目标的落实。

---

① 王磊.项目学习实验教材化学:九年级下册[M].太原:山西教育出版社,2018.

五、重视项目成果的展示

　　项目成果的展示对学生来说是十分重要的。经过一段时间的学习，学生掌握了项目学习内容并制作出自己的成果。由于项目成果的制作通常给了学生较大的创新空间，所以项目成果的展示是对学生学习实力的证明，是学生建立学习自信的过程，也是学生给自己的项目学习一个交代，还是学生对完成项目任务的庆祝。项目成果展示过后，关于该项目的学习目标已经达成，同时预备进入新内容的学习，生成新的学习动机。

　　项目成果交流展示的方式有很多，我们在第二章第二节《设计项目任务与活动》中"设计有价值的项目成果"部分已经介绍了很多。值得注意的是，教师要特别重视项目成果的展示，除了设计展示内容外，对于成果展示环节的会场选择、环境布置、展示程序，以及参与展示活动的嘉宾都需要精心设计和准备。根据不同的项目，请不同专长、身份的嘉宾参与成果展示既可以让学生进一步认识项目学习的意义，也可以通过嘉宾的点评给学生再一次提供理论与实践相结合的高水平学习机会。从某种意义上说，项目学习成果的展示是学生的节日，他们需要一些仪式感。所以，项目学习展示环节可以放手让学生去组织。

◉ # 第三节
利用互联网开展项目学习

现代社会已经进入互联网时代，互联网在生活中不可或缺，在教育领域的影响也不容忽视。绝大多数学生家里都可以上网，大多数孩子拥有智能手机或电子设备，很多学校配备了网络教室，如何利用这些条件优化项目学习是教师应该思考的问题。

案例与活动 12

假如你将带领学生开展"践行低碳行动"项目学习。你所在学校的学生可以使用智能手机或平板电脑进行学习。你打算如何利用网络更好地组织学生开展学习活动呢？

一、互联网在项目学习中的功能

互联网能跨越时间、空间，每个个体可以在网上发表观点，也可以通过网络建立多人之间的交流等，互联网的这些特征都为长周期的、以自主学习为主的、综合复杂的项目学习提供了便利。在项目学习中，互联网可以在以下方面发挥功能：

1. 对自主学习的支持

自主学习倡导以学生为主体，自我选择、自主建构、实践创新。在基于课程的项目学习中，项目内容主题和基于课程标准预设的学习目标已经确定，虽然是师生共同决定，但对学生个体来说，这是有约束力的，学生要主动完成，不能选择。除此之外，由于学生之间的差异，学生的学习节奏、对问题认识的细微逻辑、多种学习方式运用的主次关系等都不相同，也不可能相同。在项目学习中，学生有自主思考和探究的空间，这让学生有了自我选择、自定节奏的机会。但是当以班级授课为主要形式时，班级内某些同学提出问题后引发的集中讨论和辅导，只是适合一部分学生的学习节奏，另一部分学生的学习进程则被打断、打乱，主动学习变成了被动跟随。

互联网可以使学生的学习打破时空限制，打破学生群体之间必须节奏一致的束缚。教师可以在网上设定项目学习专区，列出学习要求，并上传各项学习活动的任务目标和所需要的学习资源。在课堂教学中统一使用网络学习时，学生可以按照自己的习惯和节奏学习网上的资料，不熟悉的内容放慢速度多看几遍，熟悉的内容快速掠过。全体同学总体学习进度相近，但每个人的学习过程是自控的。课下，网络学习仍然可以继续，学生根据自己的兴趣、需求观看更多的学习资源，也可以重复观看课上看过的资源，还可以将各种网络资源进行对比。真正实现了在满足学习要求的前提下，学生自主选择学习内容、学习顺序，自主设定学习时长。

互联网还可以支持多任务并行式的课堂教学。对于同一个项目，不同学生选择不同的任务目标，每一项任务的达成都能满足基本学习目标的要求，但是不同的任务可能背景特征不同，需要的能力水平不同，成果形式也不同。不利用互联网，教师需要依次解读每个任务的具体要求，提供学习资源，势必耽误时间；而且在活动过程中教师也无法对每个任务小组进行即时的指导，耽误小组项目进程。利用互联网，学生可以自主选择任务序列，任务开始后，再根据自己的学习进程和需求，选择对应的学习资源。例如，某教师在高中有机化合物合成教学时设计了一个小型的项目学习案例，主题是开发"棉"材料①。教师设计了一个厂家竞争的故事背景，假定某厂家生产出一种性能很好的"棉"材料，我们的任务是得到这种材料的合成方法。学生可以选择不同的任务。任务一：根据新材料比棉花吸水性好的特点自主研发合成方案。任务二：假定利用科技手段确定了新材料的组成结构，根据结构自主研发合成方案。任务三：假定已经知道材料的组成结构，还知道合成材料的原料，据此设计合成方案。任务四：假定通过查阅资料得到一份文件，包含新材料的结构、合成原料、合成方法，但是这份文件是否可信，请做出判断。四项任务显示了不同的学习水平要求，但是都指向有机合成。学生选择了不同的任务就是选择了自己的学习目标。教师把各项任务，以及各项任务所需要的资料都放到网上，学生根据任务不同选看不同的学习资料。学生在任务完成过程中遇到新问题，可以查阅教师准备的相关资源。这样的项目设计，让每一个学生都能找到适合自己的学习任务，而且学生根据选择的任务来组建小组，有利于同水平学生之间的交流。教师给不同水平的学生提供不同的学习资

---

① 案例素材来自北京师范大学第二附属中学宋扬。

源，既让每个学生的学习都获得支持，又不会因为教师的支持太多而使学生丧失了主动学习的意识。

2. 促进充分的交流

项目学习倡导团队合作，合作既包括操作层面的合作，更包括思维层面的合作，如知识信息共享、观点的相互启发、思路方法的借鉴等。学生从不同角度、用不同路径对同一问题进行分析，为同一类问题提供变式案例，经过互相补充观点、互相质疑及论辩，使每个人对问题的认识更全面，理解水平更高。

思维的合作需要合作伙伴之间充分地交流和表达。在平时的教学中，由于课时限制，每个人不可能都有机会在全体成员面前表达观点，因此，有相当多学生的观点被抑制、被淹没。利用互联网，每个人都可以不受时间限制充分地表达自己，同学之间各种不同的观点同时呈现出来。这样，学生不但能了解更多同学的观点，而且还有利于学生对不同的观点进行比较和分析，促进学生自主认识的构建。

由于没有时空限制，学生之间关于同一问题的讨论可以是多轮次的，甚至是在相当长的一段时间内。随着学习的不断深入，学生不断修正自己的观点并发布出来，互相激发，达成新的共识。学生之间不受限制的交流还可以引出新的话题，如果关注的学生较多，教师也可以根据教学情况开发成新的项目任务。

3. 保障心理安全

学生自主学习和合作学习的基础是心理安全。对多数人而言，在大庭广众之下出错是很难堪的事情。如果总是怕自己出错，学生遇到问题时就会努力揣度教师希望自己怎样回答，会关注其他人的答案是什么，而不是自己有怎样的想法。即便自己有些想法，因为不确信，也不敢贸然表达，以免带来质疑或批评，使自己成为被否定的对象。而在互联网情境下，只要我们愿意，就可以设定匿名或者只用网名进行交流，不直接呈现自己的名字，学生会感觉安全很多。如果自己的观点得到同伴的认同或者教师的肯定，自然十分高兴，有了继续学习的动力；如果观点被反驳或指摘，因为姓名被隐藏，学生会聚焦于自己错在哪里，而不是纠结于自己被否定的负面情绪，更有利于学生的发展。

4. 便于过程性评价

过程性评价是项目学习的重要组织策略。学生在每个项目活动中的收获、行为表现都要经过总结性评价。过程性评价的累积可以作为项目学习总评的重要内容。但是在实际教学中，过程性评价不容易操作，无论是自我评价还是同伴评价，每次发放和回收量表就需要一些时间，回收后的统计又要耗费教师不少精力。在项目学习总评时，还需要将每次过程性评价的分值按一定权重进行计算和转换，这些工作不难，但是烦琐，很多教师厌倦做这样的工作。

利用互联网进行评价，在教师设定的时间范围内，学生可以用零碎时间完成评价，评价结果直接被保存在系统中。教师可以通过软件对评价结果做出各种处理。

学生还可以在网上建设自己的项目学习专区，上传学习过程中自己的各种想法及阶段性成果，记录学习过程中自己的学习轨迹。这些既是对活动进度的检查，也是自己成长的记录，保留下来是十分珍贵的。

互联网其实还是一个很好的成果展示平台。如果是研究报告等作品，可以直接分类放到网上展示；如果是需要操作的产品或需要人来展示的成果（如科普剧等），可以利用视频形式放到网上展示。对于展出的成果，教师还可以组织学生进行网络投票，评选出最佳项目成果，激励学生们更积极地参加项目活动。

5. 强大的资源提供和资源累积性

资源是互联网的极大优势。在项目学习中，不同的学生需要不同内涵、不同水平，以及不同呈现形式的资源，这在线下课堂中很难想象，而利用互联网则比较容易实现。

项目学习的网络资源包括三类：

基本学习资源，与项目本身关系最直接，是学生完成学习目标必需的学习材料。对同一个项目中的同一个学习活动可以有不同学习水平、不同展示方式的学习资源。例如，一位教师设计了"自制化学电池"项目。第一个活动是认识电池，目的是让学生通过分析已有电池，概括形成自己的原电池模型。对于这个活动，教师在网上放置了多样化的学习资源，有文本资料、卡通动画、录制视频等。这些不同形式的学习资源包括原电池的发现史、伏打电堆、铜锌原电池、氢氧燃料电池、水果电池、铅酸蓄电池、干电池、锂离子电池。不同形式的资源可能包含相同的主题。给这个活动配备的学习资源虽然丰富，但所有资源都只包括电池的构成、使用方法、使用效果，都不包括对电池工作原理的解读，以便给学生留有自主思考的空间。除此之外，教师用A、B、C标注每份学习资源内容的复杂度，供学生选择学习。

拓展资源，与项目学习的内容主题有关，但资源的具体内容和复杂度超出了项目学习目标，且资源的主题一般是项目学习的内容主题在生产生活中的拓展或科技前沿中的相关话题。拓展资源要根据学生的学习兴趣和需求来编排，给感兴趣的学生更大的学习空间，促使其达到更高的能力素养水平。拓展资源的建设不要求有精准的学习水平定位，也不划定明确的内容范围，只要与项目主题有明确的关系，内容科学，能引起部分学生的阅读兴趣就可以。对于拓展资源的建设，教师可以给学生更多的空间，谁发现好的素材都可以经过教师审核后上传到网上。

累积性资源，可以认为是项目学习过程中师生共同建设的资源。项目学习和常规教学一样，每届学生可以学习同一个项目；项目学习又和常规教学不同，每届学生的创意成果可以给后续学生更多启示，激发他们创造出更多高水平的成果。同时，前一届学生提出的项目问题，也为后续学生调整任务、设计学习活动提供了新的任务素材。教师可以指导学生上传各个阶段的项目成果，发布自己关于项目的独特思考及发现的问题，甚至可以录制关于这个项目的"留给学弟学妹的话"。这些都是与学生思维最贴近的学习资源。

化学项目学习
的思考与实践

二、利用互联网开展项目学习时的常见问题

虽然在教育中使用互联网已经成为不可回避的现实，e-learning（电子学习）、MOOC（慕课）已经是很多年的热词，但是基于互联网的教育也受到一些人的诟病，比如网络上的垃圾资源、网络学习的碎片化，以及学生在网络学习过程中的不可控性。利用互联网开展项目学习也会产生类似的问题。

问题1：有些学生容易沉迷于网络，被网络游戏、网络垃圾侵害。很多学校和家长为了杜绝网络垃圾对学生的影响，甚至会严禁学生使用智能电子设备。如何让学生既能使用网络资源，又可以避免来自网络的不良侵害？

充分利用校园网是很好的办法。2000年教育部下发了实施"校校通"工程的通知，很多学校得到了建设高水平数字校园的机会。数字校园与一般互联网相比有一定的优势。有的学校建设了完整的校园网，校园网上建有教师工作室或者课程专区。学生在校期间随时可以使用电子设备接入校园网，在校园网上选择学习的课程，查阅课程资料，参与各种问题的讨论，进行课程评价。学生在学校使用校园网时无法进入互联网，避免了网络游戏、网络垃圾干扰学生等问题。这种校园网是按照学生在学校的各种活动和课程设置的，与学生的学习最为匹配，但对教师网络建设的要求也比较高，教师要把全部可能的学习资源都放到校园网上供学生选择使用。有些学校只能使用互联网，为了避免网络垃圾对学生的干扰，可以增加针对不良内容的网页过滤功能。为了不让学生沉迷于网络，这类学校可以考虑组织学生集中使用网络，比如在项目学习中需要用网络查阅资料时，带学生进入网络

教室，让学生在公共场合下使用网络。还可以将网络学习任务通告家长，学生在家使用网络时，请家长监督。总之，学生使用网络的原则是目标明确、网络范围清晰、处于一定的监督之下（如学校的公众场合、教师、家长等）。

问题2：**教师要求学生在网上查资料，但是结果发现大家查到的内容非常相似。即便作业要求是基于网上查阅资料制作相关主题的小报，结果也往往是内容相似，只是标题有差异，排版和装饰花边不同。如何杜绝这种无意义的网络抄袭，让查阅资料成为有意义的学习活动？**

学生查阅资料并完成梳理汇报任务的过程是学生面对纷繁复杂的信息资源，选择合适角度进行归类整理，构建自己对事物的认识体系的活动。之所以会产生网络抄袭现象，一是习惯性思维懒惰，只关注资料带来的具体信息，没有自主加工信息的意识；二是缺乏信息加工的能力，不能依据项目特征找到合理的角度对网络资源进行分析加工；三是加工后的信息对学生缺乏价值，不能引起高水平学习动机。其实，如果学生不清楚查到的资料有什么意义和价值，那么学生在查阅资料时就没有任务感，他们查阅资料就只是为了迅速地完成这个作业，而没有去主动思考。

改变这种情形的主要办法就是将简单机械的作业变得有意义。例如，开展"探秘膨松剂"项目[①]教学时，教师希望学生自主学习，了解食品膨松剂有化学膨松剂和生物膨松剂等不同种类，其中化学膨松剂中大多含有碳酸钠（或碳酸氢钠）和另外一种酸性物质。几位教师留作业时采用了不同的方法：

教师1：查阅"食品膨松剂"的有关资料，做成小报，明天

① 王磊,陈光巨.普通高中教科书化学:必修第一册[M].济南:山东科学技术出版社,2019.

交流。

教师2：馒头、面包、饼干等食品或蓬松、或酥脆，它们在制作过程中都添加了膨松剂。这些食品的配料表中哪些物质是膨松剂？膨松剂有哪些种类？请你查阅资料并回答上述问题。

教师3：我们喜欢吃松软的食物，比如馒头。蒸馒头时，要让面粉发酵，使馒头内部产生孔洞。但是面粉自然发酵的过程很长，于是人们开始使用食品膨松剂。食品膨松剂一直在改良中。你认为哪些物质可以作为食品膨松剂？请你查阅资料证实自己的想法，了解膨松剂经过了哪些改良，并预测膨松剂改良的方向是怎样的。

上述三种作业都包含查阅资料的要求，从泛化的无目的地查阅资料，到有具体关注点并与生活相关联分析理解资料，再到先自主思考再用资料证实并形成预测，资料的查阅越来越需要加入学生的自主思考。

问题3：利用网络进行交流时，学生会用片段化的语言零星地发表观点，缺少基于观点的充分论证。怎样能让学生的网络交流更有深度？

网络交流很大的优势是自由，时间自由、地点自由，更重要的是学生发言时没有那么大的心理压力，他们可以简单附和某个观点，或者随便抛出一个观点，又或者没想清楚时就先抛出观点等待他人回应。所以，对多数学生来说，网络交流给了他们敢于参与课堂主流讨论的机会。当然，片段化的观点和缺少论证是网络交流带来的弊端。一方面，需要继续保留网络这种包容、自在的环境，鼓励学生参与讨论；另一方面，教师应注意引导学生在交流时采用更具论证性的表达方式，比如用温和的追问方式（不是一般的质疑式或提要求式的追问）："你的想法很特别，你是如何想到的？""你能对你的观点再多做一点解释吗？方便大家更好地理解你的想法。"另外，还可以设置网络交流值班管理员制度，定期对大家的观点进行归纳整理。例如，某一个观点下有很多同学表示认同，就可以整理为"XXX、XXX……同意"；多人对一个观点的论证可以集中整理在一起。这样，既保证每个人的发言被保留、被关注，又保证了"观点—论证"这样的讨论呈现形式，不同的观点之间也有了充分的比较，利于学生的自主学习和思维发展。

对于网络讨论是否需要实名制的问题，教师可以依据班级情况设定。如果班级关系非常和谐，学生的心理安全感很高，大家都能够做到只关注观点差异而不会互相歧视，那么就可以采用实名制讨论方式；相反，可以考虑采用匿名的讨论方式。

问题4：利用互联网可以进行过程性评价，学生在网上填写评价量表，对自己或他人在活动中的表现做出评价，但是有些学生不认真，不能客观评价自己或他人，导致评价结果不可信。

用评价量表对学生进行过程性评价时，有一类量表主要针对学生的一般活动表现，比如是否按教师要求认真完成自主学习任务，是否完成小组分工任务，是否积极与他人合作，等等。每个项目活动后都需要学生对这些问题进行反思评价，对学生而言有一定的重复感，可能会出现评价不认真的现象。同时，因为这类评价有较强的主观性，学生之间的评价结果差异比较大，所以不适合用来做学生之间的比较。不过，这类评价的重点不是为了获得评价分数，而是提示学生在活动中应该怎样表现，因此还是建议保留这类题目。

当然，如果我们将上述学生的一般活动表现情况与项目活动的具体内容相结合，形成针对学生在具体项目中的活动表现评价量表，就可以避免前述简单重复的评价，使评价更有针对性。

其实，过程性评价的重要价值在于帮助学生了解活动中需要注意的问题，以及让学生体会到自己在哪些方面获得了成长。利用互联网给每个学生建立一个成长手册，把每一个评价量表、每一次精心梳理的学习笔记、每一项阶段性成果都放在这个手册中。只要坚持，一段时间后，这些记录就是对学生学习最有意义的评价，是学生成长的见证。

第四章

项目学习中的教师

◉ 第一节
作为项目学习的开发者

我国学科课程的项目学习尚处于起步阶段，可以开发的项目还有很多。同时，因为项目要有真实性、时代感，要符合学生的学习兴趣和需求，所以项目学习必须不断推陈出新。虽然已经有山西教育出版社、山东科学技术出版社组织研究人员出版了初中化学项目学习实验教材和含有项目学习内容的课标教材，但是教师依然是项目的主要开发者。在开发项目时，教师除了要掌握项目设计方法（参见第二章），还应该有学生发展的全局观，以及创新意识和整合观念。

一、以终为始，重在全局规划

项目学习是以完成任务为显性目标的学习方式。学生完成项目的过程是以终为始，从项目任务要求出发，依据项目规划，逐步完成项目任务，实现学习目标。项目任务的选择和学习目标的制定都以课程标准为基本依据，结合项目特征和学生已有能力素养水平，设定学生的能力素养发展目标。项目过程的设计也是以终为始，以完成项目任务为指向，所有的项目活动都是项目任务的子任务，或者是为了帮助学生更高水平地完成任务而设计的学习过程。以终为始的项目设计，使教师能够打破以往基于知识点的课时教学设计，从项目整体来规划项目所承载的知识，设计项目各课时或各个学习阶段中学生能力进阶和素养培养的要素与水平。所以，在项目完成过程中，教师不仅要关注学生项目任务完成的进度，更要基于项目规划关注学生各阶段学习目标的达成情况。

"以终为始"不仅仅是教师规划一个项目的方式，也是教师设计全学段教学时应有的教学规划意识。在传统教学方式下，教师的备课一般是顺向的，以教材顺序为蓝本，逐章逐节进行教学设计。教学目标根据所教授的内容和教师经验设定，教师很少考虑一节课的教学和学生全学段发展的关系。但是，以终为始的规划方法需要教师预先了解全学段学生应达成的知识、能力、素养发展目标，将这些目标拆解为一个个阶段性学习目标，然后再通过各学习阶段的教学设计落实这些培养目标。

《普通高中化学课程标准（2017年版）》提出，化学学科核心素养包括宏观辨识与微观探析、变化观念与平衡思想、证据推理与模型认知、科学探究与创新意识、科学态度与社会责任。化学学科的研究对象是物质和化学变化。宏观辨识与微观探析是看待物质及其变化的两个视角。变化观念与平衡思想是需要发展的对化学变化的关键认识。证据推理与模型认知是化学的思维特征。科学探究是研究方法，科学探究的过程要以证据推理为支撑，模型认知可以是科学探究的结果。这些思维特征与研究方法的培养既是化学学科的任务也是所有科学学科的任务。创新意识的培养显然也是所有科学学科的责任，创新实际上是已有知识的远迁移应用和多角度综合，所以创新意识不能凭空培养，需要以核心知识、学科方法为基础，训练学生综合运用和跨领域运用。科学态度与社会责任是指学生遇到问题时能够运用科学思维和方法进行思考，有利用化学知识解决问题的意识和信心，并尝试参与真实问题解决，做出科学决策。根据化学学科素养的培养要求，结合课程标准中的内容主题，我们可以规划出中学阶段学生化学学科核心素养发展的内容载体和发展路径。下面从对物质的认识、对化学变化的认识、实验探究能力、利用化学知识解决社会问题的能力等几个维度谈学生的发展路径。

对物质的认识：学生在初中阶段首先发展了对一种具体物质的认识角度（物理性质、化学性质、组成、用途等），继而发展基于类别认识物质（同类物质之间的共性，不同物质之间的差异）；在高中阶段，学生要从基于核心元素认识物质性质（通过分析含有核心元素的物质类别、元素化合价、陌生元素在元素周期表中的位置进行推断）、基于具体微粒认识物质性质，发展到根据微粒间复杂的作用关系（如水解平衡）认识物质性质和基于构成物质的原子间的化学键关系分析物质性质。在高中阶段，学生对有机化合物的学习也是从对具体物质的认识到基于官能团认识物质性质，再到从有机分子中原子间的化学键关系分析物质性质，实现对无机化合物和有机化合物性质的统一认识。

对化学变化的认识：学生在初中就建立了从化学反应中的物质（反应物、生成物）、反应条件、反应类型、反应本质、反应能量、反应用途等几个方面认识化学反应的视角。这些角度有从定性到定量、从宏观到微观的发展趋势，但总体而言，学生在初中阶段对化学反应的认识是宏观的，只是在解释化学变化的特征时才从分子原子角度分析改变的是什么，不变的是什么。步入高中，微粒视角的发展和平衡观念的引入帮助学生认识到化学反应是微粒之间相互作用的结果（如离子反应），反应体系处于动态平衡状态（如水溶液体系）。在高中阶段，能量视角的发展是学生对化学反应认识发展的核心，也是整合多个化学反应认识角度的关键节点。从化学反应的本质看，化学键的改变是化学反应发生的原因，而化学键的改变由能量的改变引发；电子转移是氧化还原反应的本质，其反应发生的初始原因是电势差，所以最终得失电子的物质之间是否直接接触并不重要，反应结果可以实现化学能向热能、电能的转化；化学反应中的能量关系还决定了化学反应在何种条件下可以发生，如何改变条件来调控化学反应发生的方向、限度、速率等。因此，在高中化学学习的高水平阶段，应尝试帮助学生建立基于能量视角的对化学反应的普遍认识。达成最终结果前的阶段性成果，最好以模型化方式表达，并通过逐步修正得到相对理想的模型。

实验探究能力：学生的实验探究能力包括实验能力和探究能力两个方面的发展。实验能力包括各种实验仪器设备、技术方法（如滴定法）、实验设计方法（如控制变量法）的应用和创新应用。实验探究能力的发展既包括一般探究能力（如何提出问题、如何猜想假设、如何通过证据和严谨推理获得结论等）的发展，也包括学生对化学学科典型探究任务（对物质性质的探究、利用物质性质的探究、对化学反应规律的探究等）探究能力的发展，如建立稳定的思维程序和实验设计思路，综合利用这些能力解决实验问题。

利用化学知识解决社会问题的能力：学生从识别身边的化学

问题开始，识别出其中的物质、物质变化的证据；发展到尝试利用知识解释简单问题；再到设计方案解决问题，或整合知识解释、解决复杂问题等。

以上只是简要谈了一下学生发展的几条路径，每位教师都可以有更丰富、更精准的学生发展蓝图。教师在设计具体教学目标时，也更容易找到学生能力素养的发展定位，使学生获得应有的发展。

我们还可以对具体教学内容主题制定规划。以电化学主题的教学为例，在该主题学习前学生应具备的基础知识包括认识氧化还原反应，知道其本质是还原剂失电子转化为氧化产物，氧化剂得电子转化为还原产物；知道不同的能量形式之间是可以相互转化的；对物理学科中的电路有基本的认识。在这个基础上，学生通过实验发现可以将氧化还原反应通过一些装置实现对外提供电流（如铜锌原电池），并基于装置外观和装置中的物质概括出原电池的初级模型。之后，学生可能有两种发展路径，一种是对初级模型进行原理解释，系统分析为什么原电池能够工作，进而形成基于工作原理的更本质的原电池模型；另一种是根据变式原电池（如氢氧燃料电池或双液原电池）发现原电池初级模型的不足，而变式原电池与初级原电池很难基于装置外观和装置中的物质实现整合，因此必须分析这些原电池的工作原理，从原理角度建立新的原电池模型。这两种发展路径虽然都提出了基于原理的原电池模型，但是前一种原理模型是基于铜锌原电池这类电池模型建立的，模型中隐含着"只有氧化剂和还原剂直接接触原电池才能工作"的含义，因此需要补充变式原电池，修正模型。只要给修正后的原电池模型增加外部供电装置，它就变成了电解池模型。将模型中的导线、电解液等尽量缩减，去除原电池模型中外显的装置特征，只保留本质特征，形成不依赖于装置形式的本质模型，这样可以实现原理的创新应用（如利用电化学原理分离物质）。电化学的学习过程，是学生对化学变化的认识从宏观静态的装置现象描述到微观系统的原理分析转变的过程。为了获得合理结论，学生要经历控制变量的原电池实验；为了形成本质模型，学生要经历严谨的推理论证过程。整个学习过程中，"氧化还原反应的反应物之间不接触不可以反应"的学习误区需要通过得失电子的趋势（电势能）这样的能量视角并结合实际案例来突破。整个学习过程就是模型建构的过程，包括认识原型——模型初建——模型修正——模型应用等反复多次模型建构和发展的过程，最终使模型创新应用于解决真实问题。

教师依据学生情况将电化学的整体教学内容分布到不同年级，形成各阶段的学习内容和目标。原电池初级模型的建立需要在必修阶段完成，而基于原理解释的模型建立和基于变式原电池的模型修正在必修阶段完成还是在选修阶段完成，以及学生最终是否要形成不依赖于装置形式的电化学本质模型达到原理的创新应用水平，可依情况而定。在高中的化学学习中可以安排一次自制电池项目，基于原电池原理模型自主设计原电池，并尝试通过改变各种要素获得功能更强大的电池。还可以安排废水处理项目，通过电化学实现处理目的。

二、创新素材，追求成果质量

素材的选用决定了项目的主题、项目任务。好的素材本身就会吸引学生去研究。教师在进行项目设计时，非常重要的工作就是寻找能够承载学科教学内容，并发展学生能力素养的教学素材。

案例与活动 13

某位教师要进行氮及其化合物的教学，他认为"硝酸工业"可以作为相应的项目学习素材。你会选用"硝酸工业"作为项目学习的素材吗？为什么？

在选取项目素材时，教师首先要思考选取素材的主题是什么，而后思考这个主题下具体用于项目的素材是什么。

对于某些教学内容，教师心目中都有很经典的素材。例如，初中学习金属时用"鉴别真假黄金"的例子，高中讲二氧化硫时会引入"硫酸工业"，在物质结构的学习中会讨论对原子结构认识的历史进程，在化学平衡的教学中"合成氨工业"是常见素材，在有机化合物的学习中常会引入阿司匹林的合成或官能团的检验……通过对任务和活动的设计，这些经典的素材都可以成为很好的项目主题。

但是，还有很多教学内容缺乏经典素材，同时经典素材也可能随着社会的发展而变得陈旧且缺乏时代感，因此教师需要随时开发新的素材。

教师要有关注素材的意识。素材都是真实的。教师对素材要有敏感性。很多素材源于新闻，新闻中会谈到工业生产、医药健康、能源环保、科技进步等各类问题。教师在看新闻时，一定要捕捉新闻中与"物质""物质转化"有关的信息，如使用了新材

　　料、提高了产量等。这些信息就是进一步丰富项目素材的初期线索。

　　在有了素材的线索后，要通过查阅文献完善素材，从不同的角度实现对素材主题的全面认识，形成一个相对完整的素材资源包。

　　例如，一位教师认为"工业制硝酸"可以作为氮及其化合物学习的素材，于是去查阅期刊文献和与硝酸工业相关的书籍。在查阅文献的过程中，该教师感觉硝酸工业还可以用于反应原理相关内容的教学。该教师从硝酸工业中的物质及转化、反应调控、历史发展等角度梳理硝酸工业的有关信息，形成了硝酸工业的完整素材资源包。无论是在含氮物质的学习中，还是在化学反应速率、化学平衡的学习中，或者是在高考综合复习中，都可以调用资源包中的相关素材。下面以资源包中的一小部分作为示例。[①]

（一）物质变化角度

　　硝酸工业中涉及的物质变化主要分为两部分：硝酸的合成与尾气的处理。由于硝酸生产过程中会产生氮氧化物，现代硝酸工业对于尾气处理越来越重视，也使之成为硝酸工业中的一个重要环节。

1.硝酸的合成

　　将合成线路分为两大类，即同价化合物的转化和低价化合物的氧化。在进行同价转化时有两种可能性：浓硫酸与硝酸盐的反应、五氧化二氮的水合反应。浓硫酸与硝酸盐（硝酸钠）的反应可表示为 $NaNO_3 + H_2SO_4$（浓）$\xrightarrow{\triangle} NaHSO_4 + HNO_3\uparrow$，该过程是利用

---

① 案例由北京市东直门中学吴伯鑫提供。

难挥发酸（硫酸）可以制得易挥发酸（硝酸），这一反应可以作为硝酸的实验室制法。在硝酸工业史上，人们在发明电弧法之前使用这一方法制硝酸，但是由于该反应对硫酸以及硝石的消耗量比较大，生产效率没有电弧法高，所以在 20 世纪初期被电弧法取代。五氧化二氮水合法的反应原理为 $N_2O_5+H_2O \Longrightarrow 2HNO_3$，$N_2O_5$ 为硝酸的酸酐，可与水化合生成硝酸。由于五氧化二氮的工业制法为无水硝酸脱水，生产难度较大，所以在生产过程中不用这种方法。

在进行低价氧化的过程中，我们同样发现有两条生产路线，即亚硝酸氧化法以及低价氮氧化物氧化法。亚硝酸制硝酸的化学反应原理为 $2HNO_2+O_2 \Longrightarrow 2HNO_3$。由于亚硝酸不稳定易分解，不存在纯物质，只能存在于稀溶液中，在工业生产中若采用这种方法生产硝酸，效率低下，不符合工业生产要求。低价氮氧化物制硝酸的化学反应原理为 $NO_x+O_2+H_2O \longrightarrow HNO_3$。低价氮氧化物氧化法是目前工业生产硝酸的主要方法。生产过程中氧化剂可以选择空气中的氧气甚至利用某些氮氧化物自身的氧化性，在保证生产效率的同时可以降低原料成本。但是，由于低价氮氧化物种类较多，在进行具体路线设计的过程中还需要进一步选择合适的反应物。

....

2．硝酸工业的尾气处理

随着社会的不断发展，人们逐渐认识到硝酸尾气处理的重要性。处理尾气一方面可以提高硝酸生产效率，另一方面可以保护环境。硝酸工业待处理尾气的基本信息见表 4-1。

表4-1　硝酸工业待处理尾气的基本信息

N_2O 含量	600~3 000 mg/m³
NO_x 含量	200~400 mg/m³
NO：NO_2（物质的量之比）	1：1
O_2 体积分数	1%~4%
H_2O 体积分数	0.3%~0.7%
尾气压强	3~12 atm（1 atm=101.325 kPa）
尾气温度	20~30 ℃

尾气处理方式一：碱液吸收

碱液吸收的化学反应原理为 $NO_x + OH^- \longrightarrow H_2O + NO_x^-$。碱液吸收是实验室中最常见的硝酸尾气处理方式，但是将其应用到工业生产中时面临用碱成本过高以及反应之后产生的硝酸盐/亚硝酸盐不好处理的问题，所以在工业生产过程中应用得并不广泛。

尾气处理方式二：氧化吸收

氧化吸收的化学反应原理为 $NO_x + 氧化剂 \longrightarrow HNO_3$。氧化法的优势在于可以提高原料的利用率，尽可能多地将氮元素转化成硝酸，但是在氧化剂的选择上要进行综合考虑。

表4-2所列四种物质是实验室较为常见的氧化剂。在工业生产过程中，优先考虑的是所选试剂能否"完成任务"和生产过程中的效率，且随着绿色化学理念逐渐得到人们的认可，人们对于反应产物的讨论越来越激烈。基于以上观点，人们在硝酸工业中选择空气氧化法以及过氧化氢氧化法。

⋯⋯⋯⋯⋯

表4-2 几种常见的氧化剂基本信息

	能否氧化	吸收效率	反应副产物	售价/（元·kg⁻¹）
酸性高锰酸钾	能	90%	锰离子、水	15.5
过氧化氢	能	70%	水	1.6
空气/氧气	能	与温度、湿度、气体配比有关	—	—
铁离子	否	—	—	2.8

（二）反应调控角度

在硝酸工业中主要以压力的调控为主。在硝酸生产过程中，决定生产效率的步骤为氨的催化氧化以及二氧化氮溶于水，按照这两步所选压强的不同可以将硝酸的生产方法分为常压法、加压法和综合法。

1．常压法

在早期的硝酸生产中主要采用常压法。在常压法中，氨的氧化和氮氧化物的吸收均在常压下进行。常压法具有以下特点：系统压力低、氨氧化率高、铂消耗低、设备结构简单、材料要求低、工艺操作稳定。但是由于不进行加压处理，也存在以下缺点：酸吸收率较低（92%）；尾气中氮氧化物浓度高，需要碱吸收尾气并副产硝盐，不符合环保要求；设备体积大、占地面积多；成品酸浓度低；等等。随着尾气排放标准的提高，这种方法已被明文禁止。

2．加压法

在加压法中，氨的氧化和氮氧化物吸收均在加压下进行，而根据所选择压强的不同，可以将加压法分为中压（0.3~0.6 MPa）、高压（0.7~1.5 MPa）。

中压法具有设备较为紧凑、生产强度有所提高、流程较为简单、二氧化氮吸收率高、成品酸浓度高、吸收塔容积小、能量回收率高的特点，但是与常压法相似的是，由于压强不够，存在生产强度仍然较低、铂损耗大、尾气氮氧化物含量略高、仍需处理尾气等缺点。在现代工业中，中压法在数量和产量上占有一定比例，但并不是最主流的生产方式。

高压法具有生产强度大、吸收率高、能量回收率高的特点，但同时存在氨氧化率低、氨耗高、铂损耗大、尾气氮氧化物含量高、尾气处理费用高等缺点。

3．综合法

在综合法中，氨氧化以及氮氧化物的吸收可以使用不同的压力，而根据所采用压力的不同，综合法又可以分为两类：

…………

（三）历史发展角度

在工业发展史上，人们在 18 世纪就发现了电火花通过氮气和氧气的混合物后会有氮氧化物生成，但是由于不能形成稳定电弧，这种方法在工业生产中一直没有得到应用。1901 年，经过不断探索，人们终于利用磁铁得到了稳定的电弧，这意味着在工业生产中利用电弧法制硝酸成为可能。1905 年，世界上首座电弧法生产硝酸的工厂在挪威诞生。随着人类对硝酸需求量的进一步增大，人们开始进一步优化硝酸的生产工艺。随着合成氨工业的发展，人们开始探索从氮气到氨再到一氧化氮的可行性。1912 年，合成氨工业生产得到了发展，人们将氨氧化法和电弧法进行比较之后，发现氨氧化法虽然在路径上并不是最简单的，但是综合考虑生产效益以及能源消耗，人们发现氨氧化法有着自身的优势，最终使用氨氧化法合成硝酸，并延续至今。

…………

　　关于硝酸工业的素材有很多，教师不是简单地罗列，而是从原理、调控、历史发展等维度对素材进行梳理整合。每个维度都涉及硝酸工业中最主要的化学反应，但带给学生不同的认识视角。教师可以从中选取重点信息组合成教学材料，也可以让不同的学生阅读不同的材料，还可以把材料都交给学生，由他们自主筛选、梳理。素材的具体运用方式由项目学习目标决定。准备一份素材资源包需要教师查阅大量文献，搜索各种资源。为了保证素材的准确性和先进性，很多教师还会努力查找外文文献，走访可以找到的行业专家。这样的工作也许很辛苦，但却是教师快速成长的途径，也使得教师的工作充满新鲜感。

　　不同类型的学习内容都能找到合适的素材主题，有些学习内容还可以有多种多样的主题。教师在规划学段多个项目学习时，还应考虑项目素材之间的布局，尽量做到不同项目关注不同领域的问题，如学生生活中的问题、工业生产问题、环境保护问题、医药健康问题、科技创新问题、实验室中的问题等。

　　素材的获得也是一个积累的过程，教师可以分主题建立素材资源文件夹，每当看到相关信息就放入相应主题的文件夹中。每一届学生关于该主题的研究成果和发现的问题也可以积累起来，成为今后教学的素材。有一位教师在答疑时遇到问题：AgI 为什么能存在，Ag^+ 不能氧化 I^- 吗？从这个问题出发，教师查阅文献后将这个问题设定为高三综合复习的项目学习活动，效果很好。可见，素材很多，有发现的眼睛很重要。

三、引入技术，形成多元整合

近几年，项目学习在我国蓬勃发展，开展的形式大概有两类，一类是不依托于某一具体学科，以综合实践活动为主要形式，在项目学习过程中强调技术融入和多学科整合。项目设计以项目主题为核心，在项目任务解决过程中需要什么就引入什么，教学过程更强调学生动手实践，活动中的体验和实践能力的发展是核心目标。这类项目学习在低年级较为常见。另一类项目学习以某个学科为主体，项目学习的核心目标是为了落实学科内容的学习，发展学科能力和素养。这类项目学习可以较好地落实国家课程标准，但是完成项目时往往只从某一个学科角度思考问题，对项目所承载的真实问题缺乏全面思考，得到的结果也相对片面。

从项目学习自身的属性来看，引入技术及多学科整合是必然的。首先，项目学习不仅要设计真实问题解决方案，更要形成实践成果，技术在项目学习过程中必不可少。3D 打印是一种很有用的技术，在"自制灭火器"项目中就有学生尝试用 3D 打印机制作灭火器外壳。很多化学原理应用于实践时需要设计装置，如一款好用的原电池、一套能循环利用热能的反应装置都可以用 3D

打印制作模型。当然，其他的模型制作方法也可以。无论是 3D 打印还是其他方法，本质都是技术思维。

传感器等信息技术早已应用于化学实验，可以呈现更丰富的实验信息。基于信息技术，学生可以获得一般实验方法和数据收集方式难以得到的实验证据，可以将定性实验转化为定量实验，从而形成更精准的实验结论。

网络技术在现代教学中表现出很多优势：用微课满足不同学生的学习节奏和进度；利用网络空间引导学生自评、互评，累积学习成果，使网络成为记录学生成长的平台；通过网络组织学生交流，给学生发表观点的空间（参见第三章第三节）。

网络还是重要的学习资源宝库，除了我们一般习惯使用的搜索引擎外，网上各种各样的专业数据库是学生形成观点、做出预设的基本素材，也可以成为学生观点的证据系统。例如，"北京市雾霾治理政策讨论"项目，一部分学生研究煤改气工程的价值；一部分学生研究企业关停政策；一部分学生研究汽车限行的意义。每个小组的学生都可以利用网络专业数据库使自己的研究更真实、深入。煤改气工程组要根据北京市年鉴或相关产业信息报告，分析北京市煤炭和燃气的各自来源、加工过程、产量，煤炭和燃气的成分、热值、燃烧后的产物及尾气处理情况；判断煤炭和燃气在为北京市民提供能量的过程中对空气环境的影响。企业关停政策组可以通过查阅北京市工业污染行业退出目录，分析生产企业原料、产品及生产运输过程与雾霾产生的关系。汽车限行组要调查汽车行业标准、尾气成分、汽车保有量，分析汽车尾气与雾霾的关系。三个小组任务的共同特征是都要充分分析所承担的任务中有哪些因素可能与雾霾有关，然后通过专业网站提供的数据分析论证这些因素与雾霾是否有关系，有多大关系。在分析论证过程中都要涉及与雾霾有关的各种物质转化关系，特别是含硫、氮、碳的物质转化关系，使学科知识成为学生完成论证、发展证据推理、实现社会参与的基础。

与技术人员合作（教师身怀绝"技"就更好了），教师可以综合网上各种数据或者自己的实验结果（学生没有条件完成的实验）开发项目数据库。学生在做项目的过程中提出某种建议或者条件改变时，可以在数据库网站输入数据，通过检索计算看到改变后的效果，作为学生研究的证据。比如，为某项工业生产设计生产条件，教师就可以把原料种类、温度、压强、浓度、设备、反应时长等各种数据放到数据库中，当学生依据原理设计了方案后，可以在数据库输入数据，检查自己的方案是否合理，为自己的方案寻求证据支持。

项目学习关注对真实问题的研究，必然会面对大量综合复杂的问题，需要运用多学科知识来解决。从社会发展来看，跨学科复合型人才培养也是国家的需要，因此，作为学科教师我们不但不拒绝其他学科的介入，还要努力争取学科之间的整合。一位教师设计了一个科幻类项目学习活动"火星救援"，任务是帮助宇航员设计方案实现在火星上的自救。[①]为了完成项目任务，学生需要了解火星生存环境、人的生存需求、可用作食物的多种植物的生长条件和规律，项目的核心任务是通过物质转化获得水、氧气、葡萄糖（食物）等生命所需物质。该项目如果仅依靠化学学

---

① 案例参考了北京汇文中学李莹《生命保障系统的物质基础》教学设计。

科来完成，学生设计的方案可能只会考虑哪些化学反应可以生成氧气，哪些可以生成水，学生也清楚自己的方案对实际的火星探测活动没什么价值。而一旦生物、地理（天文）、物理（航天）多学科共同介入，学生思考的角度就变得丰富起来，设计的方案与真实的载人航天工程中的生命保障系统更接近，学生学习动机与成就感大幅提升，也更能体现项目学习的研究价值。

⦿ 第二节
作为项目学习的指导者

当学习素材主题已经确定，项目任务设计也大致完成时，教师如何恰当地支持学生的学习又不限制学生的思维，并在完成项目任务的过程中保证学生落实各项学习目标，是值得不断研究的问题。

一、把学生作为项目伙伴

项目学习很重要的特点是学生自主完成任务，他们需要依靠自己的力量解决问题，感受自己能够承担一定的社会责任以及能够解决真实问题，提升自我效能感。在项目学习中，学生因为问题解决的需要而获得学习的动机，在任务完成过程中感受学科方法。所以，从学生的视角看，学生在项目学习中会发现自己在知识、能力方面的不足，需要进一步补充完善。但是有些教师在教学中的逻辑是：学生不懂的东西有很多，只有让学生看到自己的不足，他们才会努力学习，教师必须告诉学生要学习的东西。在这样的教学逻辑中，学生是被否定的，教师讲授是学生获取知识的主要途径，学生处于被动学习状态。

下面是一位教师实施"科学认识消毒剂"项目的两个教学片段。①在这两个教学片段中，教师有什么变化呢？

【片段一】

教师：我们家用的消毒产品有很多种类，不同的消毒剂消毒原理不同，适用范围和使用方法也不同，因此需要认真区分，合理选择。84消毒液是一种家庭常见的消毒剂。课前老师给同学们布置了一个任务，用家里的84消毒液做一件事情，同学们都做了哪些事情？在你的使用过程中有没有遇到什么问题？

学生1：我把脏抹布泡在消毒液里，抹布变干净了。

教师：你是怎么做的呢？

学生1：把毛巾直接放到84消毒液里。

教师：别人呢？

学生2：我是给84消毒液兑了水才用的。

教师：有具体比例吗？

学生2：凭感觉兑了一下。

教师：那效果怎么样？

学生2：墩地比平常好。

学生3：老师，直接泡抹布的和兑了水的我都试了，感觉兑了水的更好。

教师：那你这两种情况，84消毒液的用量一样吗？浸泡时间一样吗？

学生3：不一样。

教师：学了化学要有对比思想。我们用84消毒液的时候应该

①　教学案例来自北京中学王璐在北京师范大学化学教育研究所"高端备课"项目中的研究成果。

兑水吗？

学生（自由回答）：应该，浓度大烧手，还得看给什么东西消毒……

教师：怎么判断？

学生：医院需要的消毒液浓度大些，比较脏的东西需要的消毒液浓度大些……

教师：我们是学习化学的人呀，在使用化学品之前应该干吗呀？是不是应该看说明书啊？我们学习使用一种新的不常见的或者说常见的没有注意过的化学品的时候，我们最先应该看的是不是它的成分？84消毒液的有效成分是什么？

【片段二】

教师：84消毒液是家中常见的消毒剂，84消毒液可以用来做什么，大家都是怎样使用84消毒液的？课前老师给同学们布置了一个任务，用84消毒液为家里做一件事情，大家做了些什么？怎么做的？

学生1：我用84消毒液清理了卫生间墙角的污渍。

教师：你是怎样使用的？

学生1：直接把84消毒液倒在污渍上（学生用手比画的动作是从瓶中挤出84消毒液，冲洗污渍）。

学生2：84消毒液具有漂白性，一开始衣服上有一些颜料，用84消毒液清洗之后，衣服上颜料的颜色就会变浅。

教师：你是怎样操作的？

学生2：把84消毒液直接倒在衣服上。

学生3：我在84消毒液里边加了洁厕灵，因为网上经常提到这两个物品不能同时使用，我特别想试试。把两个加一块，生成了气体，里边的溶液也变成浅黄色，而且气体的味道还特别难闻，味道实在太大了，应该是氯气。

教师：（对学生3）探索精神可嘉，可是实验安全要注意！（对全体学生）刚才的几位同学展示了他们使用84消毒液的方法，同学们也各有各的做法，那么你的做法到底合不合理呢？请大家阅读产品说明书，并尝试解读。说出你可以解释哪些信息，依据是什么？提出你难以解释的信息，我们一起研究。

在片段一中，教师就"使用84消毒液需要兑水"和"兑水比例"问题同发言的学生进行对话，教师用语言暗示学生做错了，并最终告诉学生怎样做才是正确的。学生完成了课前任务，但在汇报时被否定，学习动机受到影响。在片段二中，虽然将84消毒液与洁厕灵混用的学生有明显的使用错误，教师除了提示注意安全外，并没有做太多评论，而是让学生自己阅读产品说明，发现自己原有认识的局限，形成新的使用方法。另外，片段一中教师直接把问题引向次氯酸钠，这时84消毒液这个素材已经是一个没用的壳子，学生已经聚焦到具体物质的性质。片段二中，教师给学生安排的任务是解读使用说明，这是真实任务，虽然解读使用说明的核心也是分析次氯酸钠的性质，但是学生是用物质性质的知识解决真实问题，这是素养的体现。可见，对于同一个学习活动，以说出具体知识为第一目标还是以解决真实问题为第一目标，结果是不同的。

在这个项目活动中，学生以小组为单位阅读并解释使用说明后，教师组织全班交流，教学片段如下：

教师：在解读产品说明的时候，发现产品信息都指向了一种物质，是什么物质呀？（板书 NaClO）

教师：看物质看什么？

学生：化合价。

教师：看谁的化合价？

学生：氯。

教师：噢，这个物质中有那么多元素，你为什么会找到氯呢？

学生：氯元素有变价。

教师：所以说氯是这种物质中的核心元素，你认为氯的化合价发生了怎样的变化呢？

学生：+1 价可以降低成 0 价或者 −1 价。

教师：次氯酸钠对我们来说是陌生物质。我们现在在预测物质的性质，是不是？化合价降低表现它的氧化性，那它还会有什么样的性质呢？

学生：化合价升高。

教师：升高到正几价呢？

学生：+5、+7。

老师：化合价升高表现它的？

学生：还原性。

…………

从这个教学片段我们看到，教师试图引导学生通过物质性质分析解释产品说明。教师的分析思路是清晰的，教师提出的问题学生都可以正确回答，是否说明学生的思路就是清晰的呢？答案并非如此。在这个教学片段中，学生的所有回答都只是字、词、短语，没有自主推理的过程，教师说出了所有推理的关键点，学生只需根据教师的提问回答细节问题，而不用关注教师为什么这样问，所以也难以形成自主的推理过程。这个教学片段显示，教师没有把学生当作独立的项目研究者，而是急于把结论告诉学生，替代学生思考了。

其实，在进行这次教学之前，该教师设计过一稿教学方案：在组织学生完成解读84消毒液使用说明书之前，教师以次氯酸钠为例示范讲解了怎样从物质类别和核心元素化合价两个角度预测物质性质，并完成了对次氯酸钠性质的预测。因此，学生在解读使用说明时，只需要将物质性质与使用要求之间建立关联即可，教学素材的价值打了折扣。

在这次教学之后，该教师又设计了一稿教学方案，其核心任务是通过小组合作，对使用说明进行解释，要求解释要有依据，并寻找证据证明。有的小组解释"使有色物质脱色"这一条，提出次氯酸钠有漂白性；有的小组解释"不适用于铝、钢制品"这一条，认为次氯酸钠有氧化性。交流中每个小组都关注到了次氯酸钠的氧化性，于是教师追问："你们是怎样想到次氯酸钠的氧化性的？次氯酸钠具有氧化性的证据是什么？"教师给各小组准备了展示用的小黑板，介绍各小组的探究方案，并展示证据。每个小组的实验方案都不同，在汇报中也都尽可能让自己的证据严谨（见第五章案例三），小组之间还会相互点评，进一步完善实验方案。例如，某小组的方案是向一支试管中先加碘化钾溶液，再加淀粉溶液，此时无明显现象；向另外一支试管中先加碘化钾溶液，再加84消毒液，发现溶液变为黄色，再加入淀粉，溶液变蓝。通过对比得出次氯酸钠具有氧化性。其他小组评价时，建议他们控制变量，保证添加等量的碘化钾溶液、淀粉溶液；还有的小组建议把两个对比实验合成一个以节约试剂，即向试管中加入碘化钾溶液后滴加淀粉溶液，无现象，然后继续滴入84消毒液，溶液变蓝，说明次氯酸钠把碘离子氧化为碘单质。该小组还探究了84消毒液的酸碱性，他们想确定84消毒液造成金属腐蚀是因为具有酸性还是因为具有氧化性。他们用pH试纸检验后确定84消毒液的氧化性会腐蚀金属。其他小组的设计方案也都可圈可点。有的小组用Fe^{2+}做还原剂检验次氯酸钠的氧化性；有的小组考虑到产物可能会是氯气而使用了微型实验；还有的小组考虑到了尾气吸收；甚至有的小组设计了次氯酸钠和次氯酸氧化性的对比实验，以证实他们的观点——次氯酸钠有氧化性，但是起消毒作用的主要是次氯酸。

这一方案给了学生自主研究、自我论证的空间，学生能设计出不同的方案，还能有这样精细的思考，实在出乎教师的意料。

课后该教师反思道："这堂课完全颠覆了我以往对课堂教学的认识，让我突破了自己。之前的课堂上我不太敢放开学生，都是一步一步带着他们，那样的话我心里有底，我知道他们每一步能发展到什么程度。感觉这样的课上完了，学生也会有收获，但是这个收获跟老师的预期不一样，学生的收获就集中在具体的某一个知识点上，不像今天这节课，学生实验探究的能力有提升，研究陌生物质性质的能力有提升，合理使用化学品的能力有提升……这节课我自己很满意，满意于自己的改变，也满意于学生的表现。看到了全班学生都那么积极地投入一个活动，并且收获很大，我很开心……"

在项目学习中，教师应努力倾听学生的观点，把学生当作合作伙伴，真心期待学生的研究和成果。当教师不再用自己的思维拴住学生的时候，学生的思维才能活起来，这是学生成长的时刻，也是教师最惊喜的时刻。

在项目学习中，教师作为学生的指导者，对学生的支持反馈要有利于学生的进一步思考而不是直接得到答案，教师不能凭经验或感觉给学生提供反馈信息，而是要通过课堂观察和诊断确定学生学习的难点和思维的障碍点之后再给予帮助。无论是对学生的诊断还是给学生提供帮助，追问、班级内交流都是有效的办法。通过充分的表达，教师可以发现学生推理逻辑中缺失的环节，这是学生需要得到帮助的环节。教师的追问和其他同学的观点，又可以引发学生去关注新的方法和思考问题的角度，从而突破障碍。对于那些必须由教师提供支持才能克服的障碍，教师只需提供必要的观点或信息，依然由学生完成推理过程，不要代替学生推理论证，不要过早地提示思维的关键点。就像师生都是研究者那样，只不过教师这个研究者提出了新的观点、发现了新的信息，这些观点和信息是否能够解决问题以及如何解决问题，还需要其他"研究者"去论证。

把学生当作合作者时，教师不再代替学生思考，有些教师会担心课时不够，教学进度难以完成。为了完成进度而忽视了学生的学习质量，显然是得不偿失的。在传统教学中，很多教师赶进度是为了留出更多时间进行中高考应试训练。在学生核心能力缺失的情况下，靠应试训练提升解决综合复杂问题的能力是很难奏效的。

当然，我们也不是完全不考虑课时问题。项目学习源于生产生活实际，虽然能让学生积极地投入学习，但也容易发生研究跑题、拖沓等问题。教师需要通过有效的教学组织策略，提高活动效率。教学组织策略可以包括以下几种类型：

限时，即通过规定活动完成时间，保证活动效率。

展示和评比，即通过设置展示环节或者评比竞赛环节，让学生之间产生良性竞争关系，促进学生高效率高质量完成任务。

明确任务细节，即对任务细节做出要求，如成果必须满足哪些指标、展示交流时需要按照怎样的结构汇报等，给学生提供学习支架。

并行，即将顺序完成的任务改成并行。例如，利用多块小白板可以让多个小组同时展示自己的方案，并进行比较，节约了评价展示时间；设计核心思路相同但具体任务不同的活动，既保证了每个学生都能经历运用核心思路解决问题的过程，又让各组之间充分合作，多角度论证或完成任务，加快课堂节奏，提高活动实效。

二、把握学生的关键进阶

项目学习的外在形式是以学生为主体完成一项真实任务，其内在本质是基于真实任务的完成，使学生获得相应的学科知识、能力方法、价值观念。教学的外在逻辑以任务完成为线索，实质是通过每一个活动的完成实现学生能力、素养的发展。

第一，活动设计以能力素养为导向，所以最好不要以判断正误、描述现象、提取信息、说明事实为任务目标，应该促使学生以上述内容作为观点或证据，完成方案解释、结论分析、结果预测、方案设计、问题解决、社会决策等任务。在完成任务的过程中，学生必须经历证据推理并应用一定的思维模型，或者根据活动过程形成解决某类问题的思维模型。在任务完成过程中，学生还应关注社会问题，形成正确的价值观。

第二，预设清晰的活动目标，保证活动目标与项目学习目标一致，保证不同的活动之间既要有项目素材本体的逻辑关系，又要有学科能力的发展关系。在一些项目中，可选的素材比较多，教师可能会设计多个活动对素材本体进行研究，但是各个活动对学生的能力要求相似，缺少进阶。例如，一位教师将自来水消毒剂 ClO_2 的二次添加方案的设计作为项目主题，其背景是：消毒剂 ClO_2 在水中会转化为 ClO_x^-，一段时间后自来水管网中 ClO_2 浓度会下降，需要添加 ClO_2；生成的 ClO_x^- 对人体有害，需要尽量抑制其生成。教师设计了如下活动：活动一，预测哪些因素会影响 ClO_2 向 ClO_x^- 转化的过程；活动二，给出温度、ClO_2 起始添加浓度与一段时间后 ClO_2 浓度、ClO_x^- 浓度的数据关系，评价预测是否正确，需要做哪些修正；活动三，给出更多测试数据，判断修正后的影响因素是否合理，发现是否还有隐藏的影响因素；活动四，从各种影响因素中选择对人体无害且可控的因素，设计饮用水消毒剂添加方案。这个项目学习方案从项目本体看是很有逻辑的，学生通过系列活动可以逐步完成任务。但是，从学科能力角度看就有问题了，活动一的能力要求是学生运用化学反应速率和化学平衡的知识预测 ClO_2 向 ClO_x 转化的影响因素；活动二的能力要求是从文献资料中提取信息，论证这些影响因素；活动三的能力要求还是从文献资料中提取信息，进一步论证并发现新的影响因素；活动四是对活动二、活动三的总结和简单应用。可见，这些活动主要培养了学生基于化学反应原理的简单推论能力、信息提取能力和简单的证据推理能力。虽然教师在提供文献资料时注意了数据表述方式的多样性和复杂性，并且难度递增，但是作为高中化学课程，这个项目对学生能力的培养还是略有欠缺的。

第三，活动后及时总结梳理，落实活动成果。好的活动设计可以让学生有丰富的活动体验和切实的收获。不过，在活动中学生的收获往往是直观的、模糊的。他们感觉自己有了很多新的观点，增长了新的能力，如果不及时梳理并清晰地表达和记录这些收获，学生在这个情境下获得的经验就很难迁移，直觉经验也会慢慢消退。因此，学习活动过后教师应及时指导学生总结、反思，落实具体知识形成可迁移的概括化的思路方法，这是非常重要的教学策略。

案例与活动 14

某教师设计了"自制电池"的项目学习案例[①]，教学过程如下。你如何评价这个项目学习案例？

【项目导引】图 4-1、4-2、4-3 是生活中常见的三种电池，它

_____

① 案例教学设计参考了北京市丰台二中景志英在北京师范大学化学教育研究所"高端备课"项目中的研究成果。

们是如何给用电器供电的？看过图片后，你对电池有了哪些认识？

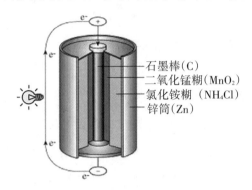

石墨棒(C)
二氧化锰糊(MnO_2)
氯化铵糊（NH_4Cl）
锌筒(Zn)

图4-1　手电筒中的锌锰干电池

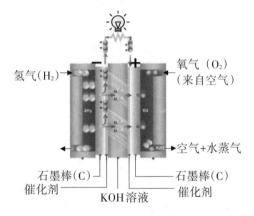

氢气(H_2)　　　　氧气（O_2）
　　　　　　　　（来自空气）

空气+水蒸气

石墨棒(C)　　　石墨棒(C)
催化剂　　KOH溶液　催化剂

图4-2　航天器中的氢氧燃料电池

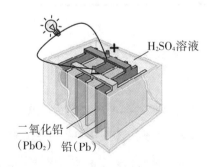

H_2SO_4溶液

二氧化铅
（PbO_2）　铅(Pb)

图4-3　电动车中的铅酸蓄电池

（教师引导学生关注电子从负极流向正极给外电路供电，关注电池内部还有很多物质构成了内电路）

教师提出项目任务：每个小组从教师所给的材料中选择合适的物品，设计一个能给小风扇供电的原电池。

【活动一】感知原电池

教师：我们在学习氧化还原反应时给大家做过一个实验（展示铜锌原电池图片），让锌和硫酸在这样一套装置中发生反应，导线中有电流流过，证明锌和硫酸的化学反应有电子转移。换个角度看，如果这套装置产生的电流可以给用电器供电，那么它就是一个电源。这套装置为什么能供电？还有没有类似能供电的装置呢？请大家用所给实验用品探究什么样的装置可以作为化学电源。

教师提供的实验用品有：锌电极、铁电极、铜电极、碳电极、硫酸溶液、乙醇溶液、导线、电流表、自制水电解器（由U形管和炭棒构成）。

学生以小组为单位进行实验探究，教师提出汇报要求：说明选择了哪些实验用品，装置的结构是怎样的，装置是否能够供电。

学生按照要求进行交流，组合出了很多种原电池。

【活动二】理解铜锌原电池

教师：大家做出的装置为什么能供电呢？请各小组以铜锌原电池为例研究一下锌电极、铜电极之间的导线上为什么会有电流。（演示文稿上展示提示信息：锌比铜更容易失电子，电势更低，电子有从低电势向高电势流动的趋势；电子不能在溶液中自由移动）

学生先小组讨论，然后全班交流。多数学生认为：锌和稀硫酸接触发生化学反应，锌失去电子，锌失去的电子通过导线传到铜片上，因此产生了电流。

教师追问：锌和稀硫酸接触发生化学反应，锌把电子直接给了氢离子，怎么还会走导线呢？请你们再做一次铜锌原电池实验，认真观察实验现象，看看有没有什么现象可以给你一些提示。

学生再次观察实验，小组讨论后全班交流。此时很多学生发现铜片上的气泡，大家都能想到气泡是氢离子得电子生成的氢气，其中一部分学生认为是锌的电子转移到铜上，氢离子在铜上得电子；也有学生认为是铜与氢离子反应了。不过后一种观点很快被同学们否定了。

由于学生都没有谈到溶液中电荷转移的问题，教师把铜锌原电池的工作原理完整描述了一遍。

【活动三】解释相似的原电池

教师：其他装置和铜锌原电池的工作原理是一样的吗？请你尝试分析锌–碳–硫酸原电池的工作原理。

经过小组讨论后，全班交流。交流中发现，仍有学生认为锌和硫酸接触发生反应，锌失去的电子转移到铜上；还有一部分学生忽略了水溶液中的电荷转移问题。教师把发现的问题一一指出并纠正。

【活动四】解释陌生原电池

教师：在前面的实验中，有同学通过电解水得到氢气、氧气后，利用氢气、氧气也制作了原电池装置，把氢气、氧气原本可以通过燃烧释放的能量转化成了电能。那么，氢氧燃料电池的工作原理是怎样的？

学生在讨论中都能说出氢气、氧气发生了氧化还原反应，知道氢气所在的电极是电子流出的负极，氧气所在的电极是电子流入的正极。对于氢气、氧气电极反应后的产物及水溶液中电荷迁移的情况，学生分析时遇到了困难。

教师回应了学生分析过程中遇到的障碍点，并对氢氧燃料电池做了完整分析。

【活动五】设计原电池

实验用品有锌电极、铁电极、铜电极、碳电极、$FeCl_3$溶液、$CuCl_2$溶液、导线、电流表、小风扇。教师把学生分成两大组，一组的任务是用上述实验用品设计尽可能多的不同种类的原电池，说明原电池的工作原理；另一组的任务是利用氧化还原反应 $Fe+2Fe^{3+}\!\!=\!\!=\!\!=3Fe^{2+}$ 设计原电池，说明有几种设计方案，工作原理是什么。

学生以小组为单位设计并实验，每个小组都设计出了原电池，但是也都出现了纰漏。小组之间的讨论弥补了这些纰漏，大家达成了共识。

案例与活动14中涉及的项目学习案例，从教学环节的设计看，还是很清晰的。感知原电池——理解原电池工作原理——变式应用原电池原理——运用原电池原理设计原电池，符合学生从学习理解到迁移应用再到创新实践的认识发展规律。不过从教学效果来看，课堂中学生一直在模仿教师如何解读原电池，他们主要关注教师说了什么，以便套用"模板"，却较少关注教师为什么这样说。学生对原电池原理的理解是基于对教师原电池原理表述的认同，缺少自主的、深度的建构。其实原电池的学习是一个模型建构的过程，至少包括模型建构和模型运用两部分。模型建构和模型运用的每个阶梯都是学生发展的关键环节，需要认真把握和落实。

　　在本案例中，学生对原电池模型的认识经历了以下步骤：感知原电池（借助以前接触过的铜锌原电池，形成模糊的原电池模型——原电池有池子、电极、导线等）；构建原电池的表观模型（通过探索哪些要素可以构成原电池，形成对原电池构成要素的直观认识——金属电极、碳电极、溶液、导线、闭合连接）；构建原电池的本质模型（通过对铜锌原电池原理的分析和概括，形成对原电池原理的本质认识——两个电极的反应物、得失电子场所、电子转移通道、离子电荷转移通道）；巩固和应用原电池本质模型（通过对锌碳原电池原理的分析，强化原电池的本质模型）；完善原电池模型（利用氢氧燃料电池突破反应物、生成物需要接触才能反应的观念，理解得失电子趋势的差异就是引发原电池的要素）；运用原电池模型（通过设计原电池体会模型的内涵、外延和使用策略）。在这些原电池模型认识发展的关键环节，教师虽然给学生提供了促进认识发展的实践活动，但是都没有给学生自主建构模型和完整论证模型的机会。活动一过后没有按照是否产生电流对学生制作的装置进行分类，没有概括能产生电流的装置的特点及其与不能产生电流的装置的区别。活动二、活动三、活动四中学生在每一个"台阶"上都遇到了障碍，每一次都是由教师解释障碍点，示范如何分析原电池的工作原理，没有让学生再经历一次自主的完整的推理论证过程。另外，教师对原电池原理的示范性论证也只停留在对具体原电池的分析上，没有引导学生分析具体原电池中每一种物质的功能，概括抽象为模型。活动五的模型应用过程是对教学效果的检查，设计的任务是要求学生制作出原电池，说明工作原理。其实，还应该在该任务前加一个问题：设计原电池时应该设计什么？这是原电池模型的内核，也是对学生原电池模型建构水平的诊断。学习如果只停留在具体知识层面而缺乏概括化认识，其迁移价值是有限的。在学生认识发展的关键环节，不但要设计实践性活动，也要设计使思维程序稳固下来便于迁移的概括化活动及论证概括结果有效性的学生自主活动。

三、让特别的孩子有特别的发展

项目学习以学生为主体，尊重学生的个性差异，允许学生有不同的学习进度和学习路径。教师也要有意识地利用项目学习源于真实问题、内容复杂、可以与多学科融合、可以向不同方面不同水平延伸的特点，充分挖掘项目学习资源，让每一个孩子都得到发展，让特别的孩子得到特别适合的发展。

在项目学习过程中要加强对不同学生的关注。同样素材主题的项目学习，任务的改变、素材的调整都会带来对学生学习要求的改变。以案例与活动14为例，在保证几个大的进阶环节不变的情况下，可以将其调整为难度更大或更小的教学。如难度更小的教学可以调整为：

【项目导引】教师指导学生观察三种常见电池的正负极，用电流表和用电器分别展示电池与外电路的关系。然后通过图片展示，让学生看到内电路有很多不同的物质，提出内电路存在化学反应。最后提出问题：什么样的化学反应有可能对外提供电子？如何提供？

【活动一】教师演示铜锌原电池的组装和工作过程，然后再让学生探索其他原电池，此时不给出氢氧燃料电池装置。活动总结时，把学生做成功的原电池装置全都摆放在一起，组织学生建立表观模型，并画出来。

【活动二】教师演示铜锌原电池实验，与锌、铜不连接分别放在硫酸溶液中的实验进行对比，指导学生观察现象有什么不同，分析微观过程。基于学生的分析结果，教师给出示范性解释。学生独立解释铜锌原电池的工作原理，并分析每一种物质在装置中的功能，概括出原电池的本质模型。

【活动三】不同的小组解释不同原电池的工作原理（原电池本质都是金属与酸、金属与盐的氧化还原反应，此处希望学生能变式应用原电池模型），小组之间互相点评质疑。

【活动四】学生基于原电池本质模型分析氢氧燃料电池的工作原理。针对学生在分析过程中遇到的无法解释的问题，教师给予解释和补充。

【活动五】教师给出实验用品后，先提出问题：设计原电池时需要设计什么？学生共同讨论，形成原电池设计框架，也就是实验过程中的思维框架，也是实验结束后的交流框架。在框架的指导下，学生完成设计任务。

如果想给学生更具挑战性的任务，可以把案例与活动14中的教学过程做如下调整：

【项目导引】保留原案例中的问题，教师尽量不给提示，希望学生发现外电路和内电路，发现内电路有化学反应发生。

【活动一】学生自主探索原电池的构成条件，全班交流时要汇报组装了哪些原电池，其共同特点是什么。也就是说，每个小组都要组装多个原电池，自主建立表观模型，并与不能构成原电池的装置做比较。此处提供氢氧燃料电池装置，在建立表观模型时，学生可能会把氢氧燃料电池单独归为一类。

【活动二】重复铜锌原电池实验，仔细观察实验现象。根据实验现象并结合已有知识分析铜锌原电池的工作原理，说明装置中每种物质的功能。（教师提示：电子可以在导体上自由移动，电子不能在溶液中自由移动，锌板和铜板连接在一起时铜板电势高，电子有从电势低的地方向电势高的地方移动的趋势。分小组完成任务，全班交流，组间质疑评价，形成共同认可的对装置各要素功能的表述。教师在必要时通过追问、提供观点的方式给予提示。）

【活动三】与【活动四】合并，小组研讨：1.任选一个原电池，分析工作原理；2.分析氢氧燃料电池的工作原理。全班交流后，提示学生总结：你认为原电池的构成要素是什么？

【活动五】用所给实验用品设计原电池。小组探究：你能设计出哪些原电池？它们的工作原理是怎样的？全班展示交流时的汇报内容要包括原电池的设计思路、设计结果和原理分析。原电池中很多要素是可以整合的，如铜锌原电池中还原剂和失电子场所可以整合，氧化剂和离子导体也可以整合，你能举出具体的案例吗？

基于学科课程的项目学习，可以从以下几方面调控任务难度：

一是任务的分析角度。例如，同样是设计原电池，低难度水平需要先讨论设计的思维框架，高难度水平则需要自己寻找思维框架。

二是任务类型。模仿类任务是最简单的，分析解释类任务因为已经有了很多信息和事件结果的铺垫，学生从心理上感觉挑战难度不大。不过，如果分析解释问题的角度设置得比较隐蔽或学生不熟悉，也会有较大难度。预测新的信息、提出新的观点或完成新的设计，一般是较难的任务，需要学生有明确的思考角度、思维程序和推理路径。

三是素材的丰富度、复杂度、陌生度。学生越熟悉，与核心知识的关联越直接，素材内容逻辑越简单，任务难度就越小。

四是任务完成的方式。是一次性完成全部任务，还是根据教师对任务的拆解分步完成任务，或者是只需完成部分任务，选择不同的任务完成方式，任务难度会有所不同。

教师可以根据学生情况调控项目活动的任务难度，也可以在班级整体布置任务后，根据个别学生的需求，对具体任务做出调整，以保证学习的有效推进。

除了项目学习过程的难度可以调控外，项目学习还可以在广度和深度上进行拓展。从广度上看，很多项目可以多学科拓展，既可以多学科联合设计项目学习，也可以鼓励学生从不同学科角度研究项目问题。例如，研究化学电源时，可涉及其与物理电源的区别和联系；研究煤改气政策的合理性时，会涉及化学、物理、地理、政治等多个学科。不同的学生有不同的学科特长，共同研究一个问题时，既可以发挥自己的专长，又可以看到别人关注的视角，这对于学生产生学习兴趣、建立学业自信、更全面地认识社会问题来说，都是非常有意义的。技术也是拓展项目广度的重要方面，有些技术思维很强的学生用装置、模型、实验等方法技术化地表达对核心问题的理解，比语言更直观，也更有实际应用价值。项目学习素材的复杂性可以引发很多新的研究问题，成为有兴趣的学生的新的成长点。例如，对于药物阿司匹林的研究，我们可以设计为一个小项目"阿司匹林官能团的检验"，也可以拓展到"阿司匹林的合成"，还可以提升到"阿司匹林的药物改进与人体健康"。教师根据课时、学生整体的能力水平、学生兴趣等各种因素选择合适的任务，对于有特殊兴趣或专长的学生，要为其提供拓展研究的机会，让所有学生都能得到充分的发展。北京日坛中学孙静老师带学生研究阿司匹林时，他们的阿司匹林样品就是学校化学小组的学生制备的，纯度比药店买来的高很多，化学小组的同学都很骄傲。

化学学科的项目学习在我国刚刚起步，从教学观念到教学行为，教师们有很多地方需要改变。根据教学观察我们发现，项目学习实施过程中教师在三个外显的方面会呈现出明显的水平差异，分别是：素材的理解和使用、学生活动的设计与指导、项目学习的教学结构及功能实现。教师在这三个方面外显的教学行为的差异不仅会影响项目学习的教学效果，也能体现出教师的教学观念和能力。

在素材的理解和使用方面，教师从低到高的水平大致可分为6个层级：

（1）忽视素材，虽然教学中有项目素材背景，但是教学主体过程直接指向学科知识，不再讨论素材问题；

（2）素材是信息载体，学生从素材中获得具体知识信息；

（3）素材是研究对象，学生的学习过程以解决素材本身的问题为基本逻辑；

（4）从承载的学科知识、问题解决的能力要求、与学生生活实际的关系、素材的社会价值等多角度衡量选择素材；

（5）能够利用跨领域有深度的素材，指导学生研究综合复杂的问题；

（6）创新开发素材。

在学生活动的设计与指导方面，教师从低到高的水平大致可分为4个层级：

（1）活动目标不清晰，活动缺乏功能，教师代替学生进行推理论证；

（2）缺乏论证、设计等能力活动的设计，教师对学生的支持反馈时机不合理，通常是过早给出关键提示；

（3）能够设计能力活动促进学生能力发展，反馈及时合理，活动有效；

（4）活动中对学生充满期待，关注学生能力素养发展，学习成果落实，活动效率高。

在教学结构及功能实现方面，教师从低到高的水平也可以大致分为4个层级：

（1）项目学习的整体结构不完整，如缺少成果展示、项目导引不充分等，项目学习的优势未能体现；

（2）项目学习的教学结构基本完整，成果展示能体现学习目标的达成；

（3）教学结构完整，学习目标和成果评价内容对应，成果评价标准清晰，对成果展示活动有设计；

（4）教学结构完整，评价体系完整，有利于学生的反思和学习过程的自我监控，成果展示留有创新空间，成果展示有意义。

第五章

项目学习案例

案例一

自制特色皮蛋①
——科学实验基础

1. 项目基本信息

　　本项目属于化学入门课中的实验基础课，开设对象是刚开始学习化学的学生。本项目共5课时，大体按每周1课时安排，其中最后的"成果展示与分享"课可适当延后，以便给学生留出封存皮蛋和调整配料方案的时间。

2. 项目背景分析

　　皮蛋是我国传统的风味蛋制品，早在明孝宗十七年（1504年）成书的《竹屿山房杂部》中就有明确记载，其制作工艺是我国非物质文化遗产。

　　皮蛋制作流程如图5-1所示，其中煮料指制作腌制皮蛋的茶水，调整茶水的浓度；称量指称量所需的纯碱、生石灰、食盐等固体原料及量取一定量的茶水；调糊、挂糊指用茶水将固体原料

① 案例由首都师范大学附属房山学校魏云、魏冬雪、薛燕、张丽华、刘延卫提供。

调成糊状并涂在蛋上。在皮蛋制作过程中，涉及称量、加热等基本实验操作；需要区分食盐、纯碱、生石灰等几种常见物质，感受纯碱的水溶液呈碱性、生石灰遇水放热等化学性质；要有自我保护意识，注意用火安全、防碱腐蚀、防烫伤；要通过变量控制探索最优的皮蛋制作条件；还要根据个人喜好尝试创新皮蛋口味。可见，皮蛋制作过程包含义务教育阶段化学课程中的实验、科学探究、常见物质的性质、物质的化学变化等主题的部分内容，在获得一定知识经验的基础上，发展实验探究能力，培养创新精神。同时，皮蛋的制作过程也让学生感受到食物加工涉及的化学问题，从科学视角解读饮食文化，是传承中国传统文化的一种途径。

图 5-1　皮蛋制作流程

3. 项目学习目标

（1）通过无铅皮蛋的制作过程，训练溶解、称量、加热等基本实验操作。

（2）通过制作皮蛋时对食盐、纯碱、生石灰等原料的认识和操作，初步认识物质性质，感受一定条件下物质可以发生化学变化，了解化学变化伴随能量变化。

（3）在探索不同原料、配方、加工时间等条件对皮蛋口味影响的过程中，掌握控制变量和比较的实验设计思路和方法。

（4）认识碳酸钠的溶液显碱性，能用酸碱指示剂及 pH 试纸检验溶液的酸碱性。

（5）理解实验安全的重要性，了解实验室安全设施，形成佩戴护目镜等安全操作习惯，能够安全规范使用酒精灯，具有防烫伤、防酸碱腐蚀的自我保护意识和措施。

（6）通过对皮蛋食物特点、制作过程的认识，初步建立从营养物质视角选择食物的意识，尝试运用化学知识解释生活现象，体会化学与传统饮食文化的关系。

（7）通过特色皮蛋的制作，增强创新意识，体会创新需要有基础、有依据，可以通过不断探索来实现。

4. 项目结构与内容

本项目包括"项目启动""认识原料""制作皮蛋""成果展示与分享"四个环节。

环节一：项目启动

项目子任务：发布制作皮蛋任务	
教师支持	（1）展示我国不同地区的皮蛋，介绍皮蛋的营养成分。 （2）提供"皮蛋制作工艺流程"阅读材料。 （3）组织小组活动：制作皮蛋需要分哪几步完成？有哪些问题或难点需要学习突破？如果制作特色皮蛋，本组有什么想法？
外显学习活动与成果	拆解项目任务，明确后续要通过了解皮蛋制作原料、调制料泥、裹泥制作皮蛋成品等几个步骤制作皮蛋，制作过程中需要寻找最佳方案，将本组最佳口味皮蛋与大家分享。
学生发展目标	（1）明确项目学习的学习方式，乐于基于成果目标展开学习。 （2）从营养物质角度认识皮蛋。 （3）根据皮蛋制作流程大致确定后续学习步骤和关键学习内容。 （4）在制作皮蛋的过程中发现可能的创新点。

化学项目学习
的思考与实践

环节二：认识原料

项目子任务：煮茶获得茶汤	
教师支持	（1）介绍茶汤是制作皮蛋的基础配料，红茶、绿茶等均可用来制作茶汤，但风味不同。 （2）介绍加热操作的仪器选择和操作规范。 （3）介绍茶叶浸泡后溶解在水中的重要成分。 （4）布置并指导学生活动（制作茶汤并设计方案观察不同温度、茶叶量、水量对茶汤浓度的影响），引导学生通过控制变量法来设计实验方案。
外显学习活动与成果	煮出茶汤，并调控获得不同浓度的茶汤。
学生发展目标	（1）感知溶解概念。 （2）根据茶汤颜色判断茶汤浓度，知道浓度与溶解的物质多少、溶剂（水）的多少有关，也与温度有关。 （3）学会使用酒精灯，能够规范完成对烧杯中液体的加热任务。 （4）初步感知控制变量的实验设计方法。
项目子任务：认识食盐、纯碱、生石灰	
教师支持	（1）展示食盐、纯碱、生石灰等样品。 （2）组织学生实验：三种物质分别溶于水，观察现象，获得结论。 （3）介绍酸碱指示剂、pH试纸的使用方法，组织学生检验食盐、纯碱、氢氧化钙溶液的酸碱性。 （4）介绍酸、碱在生活中的用途及强酸、强碱的腐蚀性，体会化学品在生活中的广泛应用，形成正确使用化学品的意识。
外显学习活动与成果	（1）配置氯化钠、碳酸钠溶液，完成氧化钙与水的反应，感受反应放热。 （2）分别用石蕊、酚酞、pH试纸检验食盐、纯碱、氢氧化钙溶液的酸碱性。
学生发展目标	（1）认识食盐、纯碱、生石灰的颜色、状态、溶解性，知道生石灰与水反应生成氢氧化钙（熟石灰）并放热。 （2）学会检验溶液酸碱性的方法，知道氯化钠溶液显中性，碳酸钠、氢氧化钙溶液显碱性。 （3）在实验过程中注意防烫伤、防碱腐蚀等。

环节三：制作皮蛋

项目子任务：认识称量工具，掌握天平、量筒的使用方法	
教师支持	（1）介绍天平的构造和使用方法，组织学生活动，完成一定质量氯化钠的称量，并进行组间称量结果的比较。 （2）介绍量筒的刻度和使用方法，组织学生活动，完成一定量溶液的取用。
外显学习 活动与成果	（1）准确称量一定质量的氯化钠。 （2）准确量取一定体积的水。
学生发展目标	（1）掌握天平使用规范，理解天平称重原理。 （2）掌握量筒使用规范，知道操作不规范可能产生的问题。
项目子任务：设计配料方案，制作料糊	
教师支持	（1）尽可能提供原料，允许学生自带部分特色配料，但要检查食品安全性。 （2）组织学生分小组设计料糊方案，鼓励各组在基本方案的基础上，改变氯化钠的用量、腌制时间等部分变量，探索最优方案。 （3）巡查各小组制作料糊过程中称量的准确性及实验操作的规范性、安全性，提示学生做好实验记录。
外显学习 活动与成果	每个小组至少配制两份料糊，各份料糊配比相似，之间要有明确的可对比的变量。
学生发展目标	（1）应用加热、溶解、称量等系列操作完成料糊配制。 （2）知道控制变量法的含义，利用控制变量法设计配料方案。 （3）在制作料糊时，有安全意识，知道在加热、氧化钙溶于水等环节做好防护。

（续表）

项目子任务：鹌鹑蛋挂糊、封存	
教师支持	（1）准备新鲜鹌鹑蛋，提示学生检查鹌鹑蛋是否完整，不可使用破壳的鹌鹑蛋。 （2）准备食品袋、餐盒等封存挂糊鹌鹑蛋的容器以及容器存放空间。 （3）巡查各小组是否分工合作完成挂糊，对用不同料糊挂糊的鹌鹑蛋是否做了标注。
外显学习活动与成果	给鹌鹑蛋挂糊、封存，按计划封存7天、10天、14天。
学生发展目标	学会根据小组同学特点合理分工，完成鹌鹑蛋挂糊、封存等任务。

环节四：成果展示与分享

项目子任务：小组检验、品尝皮蛋成品（此任务不占用课时）	
教师支持	指导各小组评价本组成果，反思成功原因和优化策略。
外显学习活动与成果	各小组根据封存计划打开皮蛋，观察并品尝，确定本组最优方案。
学生发展目标	感受分享合作成果的喜悦，并能针对成品提出并论证观点。
项目子任务：展示交流、概括反思	
教师支持	（1）组织学生交流展示评价方案。 （2）组织学生组间分享，汇报交流。 （3）根据学生汇报情况进行点评，点评除了关注是否成功得到产品、产品口味特色外，重点关注学生对操作过程、操作窍门及最佳皮蛋制作方案探索过程的介绍，以确定学生是否能自主调用前面学习的化学知识、实验知识。

（续表）

外显学习活动与成果	（1）展示并与全班分享本组口味最佳的皮蛋。 （2）介绍本组皮蛋制作过程与窍门，说明窍门奏效的原因；介绍本组最佳方案的探索过程。 （3）评价探索过程的全面性、严谨性。
学生发展目标	（1）分享展示本组劳动成果。 （2）能说明在皮蛋制作过程中应用的学科知识。 （3）能论证本组实验与探究过程的严谨性、合理性。 （4）能评价其他小组在任务完成过程中的优点和不足。

5. 项目评价

本项目具有化学启蒙课特点，因此没有设置教学前测，而是在学习过程中对学生的能力起点和发展目标进行评估。教学过程中，教师对学生活动的观察与反馈就是重要的评价活动。每次结课时，也设计了针对学科层面的知识、能力、态度评价，以及针对学习状态、学习感受的评价。以下列出了各阶段结课时对学生的评价表。

环节一：项目启动

（1）我们小组需要完成的项目总任务是＿＿＿＿＿＿。

（2）完成项目任务大致需要的步骤是＿＿＿＿＿＿。

（3）目前我们还需要学习的内容（或克服的难题）是＿＿＿＿＿＿＿＿＿＿。

（4）请根据自己的情况在相应的位置画√，其中5表示"非常认同"，1表示"非常不认同"，3表示"中立"。

	5	4	3	2	1
我对制作皮蛋很感兴趣					
我很期待学习一些化学知识来解释皮蛋的制作过程					
在小组讨论项目如何拆解时，我贡献了观点					
我很期待和小组同学一起做出皮蛋					

环节二：认识原料

（1）请判断下列一小段话中哪些内容是正确的，哪些内容是错误的。

制作皮蛋需要将茶叶放在水中煮，得到的茶汤是溶液，其中水是溶剂，茶叶是溶质。煮茶的温度会影响茶汤的浓度，温度越高得到的茶汤越浓。茶叶用量也会决定茶汤的浓度，茶叶放得多，茶汤就会浓。

（2）使用酒精灯加热烧杯中的液体时，需要注意的问题有

_____。

（3）写出以下物质的俗名：

氯化钠（$NaCl$）_____   碳酸钠（Na_2CO_3）_____

氧化钙（CaO）_____   氢氧化钙〔$Ca(OH)_2$〕_____

（4）上述物质能配制为溶液且能使酚酞溶液变成红色的是___

_____。

（5）制作皮蛋的配料中一般有食盐、纯碱、生石灰等几种物质，你认为它们在制作皮蛋过程中可能的功能是：

食盐_____。

纯碱＿＿＿＿＿＿＿＿＿＿＿＿＿＿＿＿＿＿＿＿＿＿＿＿。

生石灰＿＿＿＿＿＿＿＿＿＿＿＿＿＿＿＿＿＿＿＿＿＿。

（6）请根据自己的情况在下表相应的位置画√，其中5表示"非常认同"，1表示"非常不认同"，3表示"中立"。

	5	4	3	2	1
我对今天的学习内容很感兴趣					
今天我动手完成实验了					
今天学习的知识对完成制作皮蛋任务很有用					
今天学习的知识有助于我想到更多特色皮蛋配方					
今天课上的学习活动有必要通过小组合作完成					
通过今天的学习，我对做出有特色的优质皮蛋更有信心了					

环节三：制作皮蛋

（1）请根据自己的情况在下表相应的位置画√，其中5表示"非常认同"，1表示"非常不认同"，3表示"中立"。

	5	4	3	2	1
我亲手用料糊制作了皮蛋					
制作过程中与同学合作很重要					
制作过程中我们小组用到了前面学习的化学知识和实验操作技能					

（续表）

	5	4	3	2	1
我们小组做了不同方案的皮蛋，我清楚地知道我们组这两个方案要比较什么					
我相信我们组做出的皮蛋会很有特色、很好吃					
今天上课我很愉快					
我很期待和别的小组分享我们组的成果，介绍我们的经验					

（2）制作皮蛋时会用到很多原料，原料添加比例会影响皮蛋的口味。取用茶叶、食盐、纯碱、生石灰时一般都要用天平称重，请你回想自己的操作，回答以下问题：

①为什么称重时要把砝码放在右侧托盘，而把需称重的物质放在左侧托盘？

②称重生石灰时，有什么需要特别注意的地方吗？为什么？

（3）在使用量筒量取液体时，以下几种读数方式是否准确，请选择（填字母序号）。

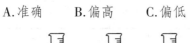

A.准确　　B.偏高　　C.偏低

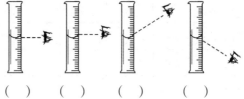

（　　）　　（　　）　　（　　）　　（　　）

环节四：成果展示与分享

（1）成果展示评价量表

评价内容	评价指标	评价结果		
		优秀	达成	未达成
皮蛋效果	皮蛋成熟，蛋白凝固，不粘壳			
	皮蛋没有腐坏变质，没有霉斑异味			
	皮蛋色泽光亮			
	皮蛋口感好			
制作过程、反思汇报	清晰地说明制作方案			
	对制作方案做出解释			
	说明探索最佳制作条件的方案，有明确的变量控制，有探索结果			
	有制作过程照片，操作规范，注意安全防护			
自主参与、小组合作	所有同学积极参与皮蛋制作、小组展示等活动，为小组成果做贡献			
	小组成员互相支持，主动分享、介绍本组产品，能够很好地回答他组的提问与质疑			
	能够对其他小组提出客观、公正的评价，发现他组亮点，给出有效建议			

（2）与其他小组相比，你们小组皮蛋的特点是_____。

（3）请写出你们小组得到的最佳皮蛋的制作方案，并说明判断这一方案为最佳方案的依据。

最佳方案：

判断依据：

（4）梳理你们小组制作皮蛋的经验（有几条写几条），并解释这些经验可行的原因。

经验	原因

（5）请根据自己的情况在下表相应的位置画√，其中5表示"非常认同"，1表示"非常不认同"，3表示"中立"。

	5	4	3	2	1
我们小组成功制作了皮蛋					
我很喜欢制作皮蛋这个项目，喜欢这种学习方式					
我能清楚地说出制作皮蛋项目中包含了哪些化学知识、学科方法的学习					
通过制作皮蛋项目，我觉得我的实验探究能力得到了发展					
通过制作皮蛋项目，我与同学的沟通合作更顺畅了					
在成果展示活动中，我从别的小组那里得到了一些启示					
我很期待新的项目学习					

◉- 案例二
从自然界获得食盐
——混合物与纯净物①

1. 项目基本信息

　　本项目学习内容对应义务教育阶段化学课程标准"科学探究与化学实验"主题中物质分离实验探究的思路和方法，过滤、蒸发、配制一定溶质质量分数的溶液等实验操作技能，以及"物质的性质与应用"主题中溶液相关知识内容。计划教学用时9课时，条件允许的情况下，建议安排参观盐场、家庭模拟制盐等活动。

2. 项目背景分析

　　我国食盐以来源不同主要分为海盐、井盐、湖盐、岩盐等。虽然食盐来源不同，但提取方式相近，都是主要以物理方法在溶液体系中分离杂质并完成食盐和水的分离，是物质体系从混合物到纯净物的过程。

---

① 案例参考山西教育出版社出版的由王磊主编的《项目学习实验教材·化学　九年级上册》。

我国沿海盐场多采用盐田晒盐的方式制盐，工艺流程大致为：

①将海水引入盐田，在引入口设置栅栏，去掉大块杂物；

②在盐田中静置，待海水中泥沙沉降后将海水引到下一级盐田；

③日晒使海水浓缩，浓缩到一定程度后就引到下一级盐田，如此多次，直至海水浓度接近食盐饱和浓度；

④将海水引入结晶池（也是盐田，食盐在此结晶出来），继续日晒，得到食盐晶体；

⑤在结晶池中仍留有一定母液时，收盐，剩余的母液从盐田排放，另外收集处理；

⑥用热饱和食盐水反复冲洗收集到的食盐晶体；

⑦将洗涤后的食盐晶体经过离心机、烘干机等设备干燥，得到产品。

制盐过程中运用了过滤、蒸发等除杂方法，体现了物质分离依据物质性质差异选择分离方法的基本思路。一定量海水可以提取多少盐，海水晒盐的时候什么情况下盐会析出，海水中其他可溶性杂质为什么在晒盐过程中可以与食盐分离，为什么一些盐产地在夏季和冬季收获的产品不同，这些问题都与物质的溶解性、溶解度有关。学生模拟制盐过程，是对溶液性质、溶解结晶的调控、物质分离方法的选择等知识的运用，也是对溶解、过滤、蒸发等实验技能的训练。对制盐过程的分析和模拟，也可以帮助学生更好地体会科学知识在生产中的应用以及知识与技术的融合。

3. 项目学习目标

（1）能够区分混合物、纯净物，知道生活中的物质大多是混合物。

（2）知道溶液是混合物，由溶质、溶剂组成；知道水是最重要的溶剂。知道溶液的性质与浓度有关，能完成溶质的质量分数的简单计算，能配制一定溶质质量分数的氯化钠溶液。

（3）认识溶解和结晶现象；能完成溶解、过滤、蒸发等实验操作，知道过滤、蒸发、结晶是常见的物质分离方法。能利用物质的溶解性对混合物进行分离和提纯，完成粗盐中难溶性杂质的去除。

（4）了解饱和溶液和溶解度的含义，知道溶解度可以描述溶质在溶剂中的溶解极限，能够利用溶解度调控物质的溶解和结晶，初步感受定量研究的意义，体会溶液在生产生活中的应用价值。

4. 项目结构与内容

本项目以食盐生产过程中从原料加工到形成产品需要解决的几个问题为任务线索展开，在完成各项任务的过程中完成知识技能的学习并提炼思路方法，形成学科能力。与此同时，体会技术进步的价值，并展现科学、技术与社会文化的相互推动作用。本项目的学习过程是任务活动、知识技能、方法能力、技术理解、社会文化等多条线索并进的学习过程，如图5-2所示。

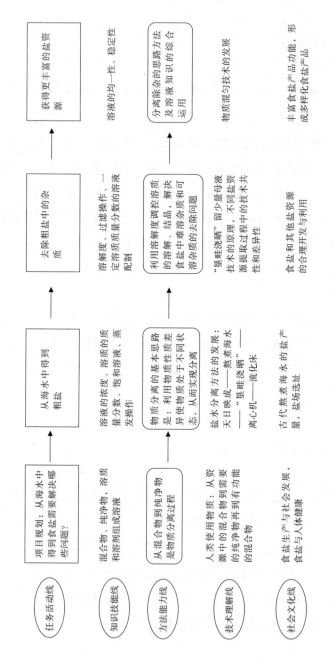

图 5-2　项目学习线索

　　任务活动线是本项目外显的线索，是学生要面对的系列问题。知识技能线伴随着任务活动线而发展。在分析海水和食盐的成分时引入混合物与纯净物的概念；在蒸发食盐水获得粗盐时，明确了溶质、溶剂和溶液的关系，知道溶液的浓度会影响溶液的性质，能够用溶质的质量分数表示溶液的浓度，发现溶液的饱和状态，并掌握蒸发操作技能；在从粗盐中提纯氯化钠的过程中，利用溶解度知识分析不同溶质的溶解结晶问题，并掌握过滤的实验操作；将氯化钠转变成有功能的营养盐，则利用了溶液均一稳定的性质。

　　方法能力线是本项目的核心线索。本项目的方法能力包含两个子主题，一个是物质分离的子主题，另一个是溶液的子主题。伴随着一个个任务活动的完成，学生对溶液主题的问题解决能力也不断发展着。对于物质分离的子主题，学生能力发展脉络是：明确从混合物中得到纯净物需要借助物质分离操作→建立物质分离的基本思路——利用要分离物质的性质差异将其转变为不同状态的物质→应用物质分离的思路结合溶液相关知识解决与溶液有关的分离问题。对于溶液子主题，学生能力发展的脉络是：认识溶质、溶剂是溶液的组成成分→在一定条件下，调节溶质、溶剂可以改变溶液浓度，但是溶质在溶剂中的溶解有极限→理解溶解度是溶质在溶剂中溶解极限的定量描述，根据溶解度调节溶质、溶剂，实现溶质的溶解和结晶。

　　技术理解线是对学生方法能力线发展的补充。例如，在方法能力线中，学生根据水和食盐的性质差异，选择用蒸发的方法从食盐水中分离出食盐，可以在相应的技术理解线中补充工业上盐和水分离的方法；在方法能力线中，利用溶解度调节溶质的溶解和结晶，可以在相应的技术理解线中分析"垦畦浇晒"留少量母液的原理。

社会文化线则引导学生关注食盐生产与社会发展的关系、盐场选址与资源的综合利用、盐类资源的合理开发与利用、个性化食盐产品开发等，培养学生的科学精神与社会责任感。

本项目分为六个项目任务。

项目任务一：项目启动，完成项目规划

驱动性问题：从海水中得到食盐需要解决哪些问题？	
教师支持	（1）介绍食盐在国计民生中的重要地位，确立项目价值。 （2）介绍食盐的主要成分是氯化钠，介绍海水中含有大量水、氯化钠、其他可溶性物质、少量泥沙。 （3）利用海水中食盐和水的关系，引入溶液概念。 （4）明确项目任务是以教师提供的粗盐为原料制出独具特色的食盐。
外显学习 活动与成果	（1）判断海水是混合物，食盐是纯净物，项目任务是将混合物转化为纯净物的分离任务。 （2）根据海水中杂质的种类，预计需要完成难溶性杂质去除、可溶性杂质去除、食盐和水的分离几个任务。
学生发展 目标	（1）运用纯净物和混合物知识对真实任务中的物质进行分类。 （2）知道从混合物中提取纯净物是物质分离的任务，化学家经常需要分离物质以便开展研究。 （3）知道物质性质与分离方法有关。 （4）溶质溶解在溶剂中形成溶液，水是一种溶剂。

项目任务二：从海水中得到粗盐

驱动性问题：如何分离食盐和水？	
教师支持	（1）组织学生讨论分离盐和水有哪些方法，并分析这些方法可行的原因。 （2）介绍蒸发的实验室操作规范与安全提示；组织学生实验，提示做好实验全程的观察和记录。 （3）提供20%的氯化钠溶液。 （4）小组实验过程中巡查与指导。 （5）在实验结果展示和实验现象交流过程中，提出关键问题：食盐是在什么情况下析出的？是在开始加热时就逐渐析出的吗？ （6）指导学生换用烧杯重新做蒸发实验，观察到食盐晶体大量析出即停止。
外显学习活动与成果	（1）能说出多种使食盐和水分离的方法，概括不同方法分别利用了食盐和水的哪些性质差异。 （2）能正确完成蒸发操作，有戴护目镜、防止烫伤等安全意识。 （3）能有序观察实验现象，发现食盐是在水蒸发掉一半左右时大量析出。 （4）在教师的指导下知道食盐在水中的溶解存在饱和状态。
学生发展目标	（1）掌握蒸发实验操作技能，能安全规范地完成实验。 （2）建立物质分离的思路：分析要分离的物质间的性质差异，选择相应的分离方法。 （3）体会溶质在溶剂中的溶解状态，当溶剂不足以溶解全部溶质时溶液会达到饱和状态，调节溶液的饱和状态可以调节溶解和结晶。

化学项目学习
的思考与实践

（续表）

驱动性问题：从海水中能够得到多少食盐？	
教师支持	（1）提出问题：海水中含盐量在2%～3%，前面蒸发海水获得食盐的实验中自制食盐溶液浓度为20%。若假定海水中的盐都是氯化钠，2%、20%的含义是什么？海水和自制食盐溶液有什么不同？ （2）明确溶质的质量分数定义和计算公式。 （3）提供资料，提出问题：a.阅读牢盆史料，计算汉代煮一牢盆海水能得到多少盐；b.如果你是盐场主，该怎样提高牢盆煮盐效率？c.阅读"垦畦浇晒"技术，初步理解该技术原理。 （4）组织实验活动：食盐析出时溶液浓度有多大？
外显学习活动与成果	（1）根据数学中百分数的含义和食盐溶液的成分，分析溶质质量分数的含义，在教师指导下推出定义和计算公式。 （2）能运用溶质的质量分数计算一定体积海水中的含盐量。 （3）体会直接煮盐过于消耗能源，尝试设计"先晒后煮"；解释垦畦浇晒过程（各畦盐浓度逐渐升高，直至达到饱和）。
学生发展目标	（1）认识溶液的浓度，知道可以用溶质的质量分数表示浓度，并能完成相应的简单计算。 （2）理解溶液的浓度可以通过溶质和溶剂的比例关系调控，还可以调控溶解和结晶。 （3）理解科学、技术和工程的关系。

项目任务三：去除粗盐中的杂质

驱动性问题：如何去除难溶性杂质？	
教师支持	（1）提出问题：如何去除难溶性杂质？去除的原因是什么？ （2）介绍过滤操作。 （3）组织学生完成粗盐水中难溶杂质去除实验。

（续表）

外显学习活动与成果	（1）提出用捞、滗、过滤等分离方法都能从食盐水中分离出难溶物。 （2）说出捞、滗、过滤等分离方法的原理（都利用了难溶物颗粒比装置孔隙大无法通过，而溶液能从装置孔隙流出，从而实现分离）。 （3）能规范地完成过滤实验。
学生发展目标	（1）掌握分离操作技能，解释规范操作的原因。 （2）能解释分离原理。 （3）体会分离思想的运用。
驱动性问题：如何去除可溶性杂质？	
教师支持	（1）提供模拟海水配方。 （2）提出问题：如何去除可溶性杂质？ （3）提供海水配方中反映各种物质溶解能力的资料。 （4）引导学生以氯化钠和一种可溶性杂质（如硫酸钠）为例，分析哪一种物质能先变成晶体从溶液中分离出来。 （5）总结溶解度概念，强调一定温度下溶质与溶剂的比值的极限决定溶质的溶解能力。 （6）引导学生反思："垦畦浇晒"制盐中，怎样保证除杂干净且效率又高？
外显学习活动与成果	（1）利用分离思想，通过分析食盐和其他可溶性杂质的性质差异确定分离方法。 （2）根据食盐和其他杂质在溶液体系中的含量及溶解性差异判断食盐先结晶析出，可以过滤分离。 （3）设计或解释"晒盐时不晒干，留有母液即收盐"是为了除去可溶性杂质。
学生发展目标	（1）自主运用分离思想设计分离方案。 （2）能依据性质差异确定特定的分离方法。 （3）理解物质的溶解能力由一定温度下溶质与溶剂比值的极限值决定，可用溶解度来描述。 （4）能运用物质分离思想和溶解度知识解决晒盐除杂问题。

项目任务四：获得更丰富的盐资源

驱动性问题：如何从盐矿中获得食盐？	
教师支持	提供"盐矿制盐"阅读资料，组织学生分组论证和解释。
外显学习活动与成果	能将制盐步骤与除杂对象、除杂方法进行对应。
学生发展目标	能对物质体系进行分析，综合运用除杂知识，判断实际操作中的分离对象和分离方法。

驱动性问题：如何得到功能性营养盐？	
教师支持	提供"向氯化钠中添加碘酸钾制含碘盐的工艺改进过程"资料，组织学生提取信息。
外显学习活动与成果	能提取出"混匀——溶液喷淋——热溶液喷淋——细粉工艺"技术发展过程。
学生发展目标	（1）认识溶液的均一性及其应用。 （2）理解技术进步对社会发展的促进作用。

项目任务五：项目成果展示

驱动性问题：制盐成功了吗？有哪些收获和反思？	
教师支持	（1）提供粗盐或海水作为原料（有条件的学校可以直接从海边带回浓缩海水或从盐场带回粗盐）。 （2）组织学生制定展示评价量规，包括产品（品质、产率、特色）、制作过程、原理解释、问题发现与解决策略、反思等方面。 （3）了解各小组展示汇报的准备过程，必要时给予反馈。 （4）组织展示交流活动。 （5）诊断反馈、总结提升。

（续表）

外显学习 活动与成果	（1）根据评价量规展示本组产品和学习成果，说明本组在制盐过程中深度思考的问题、策略及思考依据。 （2）对其他小组的展示能从不同角度进行评价，吸纳经验，提出疑问，提供建议。
学生发展 目标	（1）梳理总结学习过程，建立以"物质分离""溶液"为核心概念的知识网络和问题解决推理路径。 （2）建立小组合作、积极思考、勇于质疑、善于反思的学习习惯和科学态度。 （3）感受综合运用科学知识与技术，合理规划操作流程，充分发挥创新意识，结合真实需求制作有特色、有功能的产品，增强社会责任感。

5. 项目评价

此处介绍"项目成果展示"环节学生的评价量规，主要从产品效果、操作过程、思考深度、合作意识、创新精神等几个方面引导学生自我评价。

评价 维度	评价指标			评价 结果
	优秀	合格	待发展	
产品	外观为干燥晶体，颗粒均匀，晶体有透明感，颜色均匀，无杂质，产率高	外观为干燥晶体，颜色比较均匀，无明显杂质，产率较高	外观为湿润的糊状物，颜色不均匀，产率低或难以计算产率	

（续表）

评价维度	评价指标			评价结果
	优秀	合格	待发展	
操作过程*	能根据实验原理，选择合适的家庭厨房用品，完成粗盐除杂、特色盐制作等活动；制作过程具有创意，如创意使用厨房用品，创意设计操作流程等；能说明器具选择依据并阐述其功能；熟悉整体操作流程，操作规范，动作流畅，基本无失误，基于实验经验有一定的操作策略	根据实验室粗盐提纯装置，选择合适的厨房用品，完成粗盐除杂、特色盐制作等活动；能说明器具选择依据并阐述其功能；知道整体操作流程，具体操作基本符合实验操作规范，动作比较流畅，无明显失误	简单模仿实验室粗盐提纯的装置，在厨房中选择相似的器具，但功能与实验目的不一定匹配，如选择孔径过大的漏勺，选择易破裂的餐巾纸作为滤纸等；操作流程不太熟悉，依赖实验方案进行操作；个别操作不符合实验操作规范	
方案解释	除杂目标明确具体，每步操作与除杂目标对应，且操作方案的设计能保证产品质量最优、产率最大；能将除杂、混匀等多步实验操作统筹考虑；能根据需求选择添加物制备功能盐，并根据人体所需营养物质的摄入量、食盐的摄入量来计算添加量；能根据添加物的状态和性质确定物质混匀方式	除杂目标明确具体，每步操作与除杂目标对应；实验过程包括溶解、过滤、蒸发等操作，程序完整但不一定是最优、最简洁程序；能根据需求选择添加物制备功能盐，考虑到添加量但不精准；能利用溶液的均一性、稳定性向食盐中添加物质并混匀	除杂目标不具体、不完整，操作过程不完整；没有设计制作特色盐或功能盐，或者设计功能盐时缺乏明确的适用对象，未考虑添加量；添加物质时只是混合，缺乏混匀设计	

（续表）

评价维度	评价指标			评价结果
	优秀	合格	待发展	
质疑与反思	认真倾听各小组汇报，主动思考，从多角度进行评价，发现优点，质疑不科学、不严谨的观点；反思本组的制盐活动，能发现问题，并寻求解决问题的最优方案	认真倾听各小组汇报，凭直观感受进行评价，评价内容主要为成果外在特征或直观错误等；对本组的制盐活动有反思，对发现的问题能提出一定的解决方案，但不一定能圆满解决	倾听各小组汇报，不能进行有意义的评价；对本组的制盐活动缺乏有效反思，不能发现制盐过程中有价值的问题	
团队合作	分工明确合理，能说明每名成员的观点、完成的任务和肩负的责任；成员间有充分的沟通，能合作完成各项任务，互相帮助，共同克服困难；能根据项目进展情况及时调整任务分工	分工较为明确，能说明每名成员完成的具体任务；成员间有沟通，能保证任务进度并完成任务	小组有分工，能完成任务，但分工不够合理或者不够明确；小组成员不够负责，任务完成质量不高	

*用本组的实验操作视频或实验操作照片进行介绍。

⊙ 案例三

自制化学电源给手机充电①

1. 项目基本信息

本项目内容可用于普通高中化学课程选择性必修"化学反应原理"模块电化学主题的学习，以必修模块原电池相关内容为学习基础。本项目计划3课时完成，建议前两课时与最后一课时之间留相对较长的时间给学生完成本组成果制作、修改、调试，这段时间可以适当开放实验室。

2. 项目背景分析

手机电池是一种复杂的化学电源，本质上是原电池。手机充电电压、电流有不同规格，电压、电流越高，充电速度越快。有些手机充电器的充电电压可达12V，电流能达到2A。一般手机充电器充电电压为5V，电流为1A或1.5A。一般情况下，当充电电压达到3.7V、充电电流接近1A时就有可能给手机充上电。自制原电池只要达到电压、电流要求，保证电压、电流相对稳定，就可以为手机充电。学生可以选择合适的材料制作原电池，通过调

① 案例由北京市丰台区第二中学尚荣荣提供。

整构成原电池的各要素，并结合物理学科中的串并联电路，获得合适的电压、电流（如图5-3）。在这个项目中，学生运用正负电极反应物、电子导体、离子导体等原电池构成模型要素设计原电池，为了达到手机充电标准，需要运用多学科知识，基于真实需求解决问题，促进学生理解科学与技术的关系，增强学生运用知识创新解决真实问题的自信心和责任感。

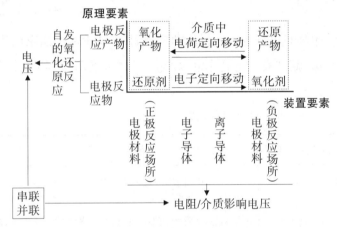

图5-3　化学电池设计原理模型

3. 项目学习目标

（1）以必修模块中原电池相关知识为基础，重新认识原电池构成要素，从原理角度构建原电池模型，形成分析电化学装置的一般思路，提升电化学问题分析解决能力。

（2）运用原电池原理模型分析生活中常见化学电源，进一步巩固分析电化学装置的一般思路，同时应用模型比较不同化学电源的差异，理解科学家运用电化学原理对化学电源进行改进的历程，体会科学家的科学精神和创新意识。

（3）结合物理学科中的电学知识，认识影响化学电源电压、电流性能的主要因素，发展电化学原理模型，建立化学电源结构与性能的关系，培养学生证据推理与模型认知核心素养，同时培养学生实践能力、创新精神和社会责任感。

4. 项目结构与内容

本项目可分为"项目启动与规划""认识原电池原理""认识化学电源""设计与制作电源产品""成果展示与项目总结"五个环节。

环节一：项目启动与规划

项目任务：确定项目任务，明确需解决的问题	
教师支持	（1）提出项目任务：利用实验室及身边常见资源给手机自制充电电源。 （2）说明本次制作手机充电电源的要求：电压≥3V，输出电流≥1A。 （3）组织学生利用已有知识分析任务，确定完成任务还需解决的问题，做出项目规划。 （4）诊断学生关于原电池的已有认识，引导学生产生基于电化学原理的学习需求。
外显学习活动与成果	明确完成任务需要解决以下问题：根据原电池模型设计原电池；解决之前原电池不能持续供电问题；了解原电池电压、电流的决定因素；探索手机充电电源的最佳设计方案。
学生发展目标	（1）能够反思已有电化学知识在解决真实问题时的不足，产生学习需求，发展深度思维。 （2）形成用所学知识解决真实问题的信念和愿望，发展学科精神和社会责任感。

环节二：认识原电池原理

项目任务：模型建构——构建原电池原理模型	
教师支持	（1）提出问题：原电池的工作原理是什么？对于熟悉的铜锌原电池，哪些要素可以改变？哪些要素不可以改变？改变要素后对铜锌原电池有哪些影响？ （2）引导学生构建原电池原理模型。 （3）布置任务：设计陌生原电池或解释陌生原电池（如燃料电池、陌生氧化还原反应对应的原电池）。
外显学习活动与成果	概括原电池原理模型，应用建构的模型解释或设计原电池，进一步修改完善原电池原理模型（意思表达正确，表征清晰，能显示推理程序即可）；氧化还原反应在两极分开进行，有两极反应物和相应的反应产物；两极不接触，两极板之间有电子导体和离子导体连通以保证电流回路。
学生发展目标	（1）培养模型认知能力，发展基于事实概括总结程序模型的意识，并在应用中修改完善。 （2）从基于直观要素构建原电池模型发展为基于原理本质构建原电池模型。

环节三：认识化学电源

项目任务：模型应用与发展——应用原电池原理模型分析解决真实电化学问题，将物理学科中电路知识与原电池模型结合，形成化学电源设计模型	
教师支持	（1）组织学生解剖锌锰酸性干电池，讨论工作原理，评价电池优缺点，并尝试改进。 （2）提供锌锰碱性电池信息，评价技术人员改进电池的思路和价值。 （3）提供锌汞电池、镍氢电池、锂电池持续改进的相关资料，组织学生讨论这些电池的电压、电流与电池结构间的关系。 （4）引导学生总结化学电源分析结果，构建化学电源设计模型。

（续表）

外显学习活动与成果	（1）利用原电池原理模型分析比较各种化学电源，并根据需求对化学电源提出可能的改进建议。 （2）从原电池原理模型发展为化学电源设计模型：发生在两极的氧化还原反应决定电池的电压，电子/离子移动的速度决定电源的电流；电源串联可以增大电压，而并联则可以改变电流；还可以通过其他改变反应速率的方法改变电流。
学生发展目标	进一步发展模型认知能力：综合运用已有原电池模型、电路、化学反应速率等知识，形成更具真实问题解决价值的化学电源设计模型。

环节四：设计与制作电源产品（课上课下结合）

项目任务：（模型应用，形成成果）制作化学电源，并根据需求进行调整	
教师支持	（1）提供制作化学电源的材料以及与电极相连的手机充电接口和线。 （2）观察各小组任务完成的情况。 （3）发现学生制作产品过程中的问题，依据化学电源设计模型对学生进行诊断，必要时给予反馈和帮助。
外显学习活动与成果	通过实验探究，反复测试，制作出能达到手机充电要求的化学电源。
学生发展目标	综合运用所学知识设计实用化学电源，发展学生高级思维能力、实践创新能力和社会责任素养。

环节五：成果展示与项目总结

项目任务：展示化学电源制作成果，体会不同小组的创意及其与模型的关系，巩固化学电源模型化的思路程序	
教师支持	（1）组织学生讨论评价量规。 （2）准备万用表测试各组电源产品的输出电压、电流。 （3）组织小组汇报总结活动和组间质疑互评活动。 （4）对学生成果进行诊断评价和总结提升。

（续表）

外显学习活动与成果	（1）展示本组电源制作成果，并解释工作原理。 （2）根据模型要素和评价量规对其他小组的展示汇报进行有价值的评价。
学生发展目标	在化学电源制作、展示、评价交流过程中，发展学生协作能力、反思能力、创新能力，体会运用化学知识成功解决真实问题的喜悦，增强学习化学的自信心。

5. 项目实施片段纪实

活动片段1：动手解剖酸性干电池，观察真实产品结构，并对其优缺点进行评价。

学生剖开酸性干电池，根据教师提供的资料，认识干电池各部分的结构。利用原电池原理模型，结合酸性干电池使用经验，各小组分别总结出酸性干电池在设计和功能上的优点，也提出了需要进一步改进的问题。以下是根据各组的交流分享概括出的酸性干电池的优点和不足。

优点：

（1）MnO_2 与碳粉混合后包围着石墨电极，增大反应物与电极材料的接触面积，电流更大；

（2）圆柱体结构使得极板间距小且与电解质溶液接触面积较大；

（3）酸性环境，H^+ 迁移速率快，内阻小；

（4）NH_4Cl 水解形成酸性环境，保证电解质溶液体系中 H^+ 浓度稳定；

（5）糊状 NH_4Cl 使得电池离子浓度大，且容易成型，也美观。

不足：

（1）隔离纸阻隔效果不佳，导致Zn在酸性环境中直接发生反应，Zn自放电，产生气体，电池发生胀气，导致漏液；

（2）一次性电池，不能反复使用。

活动片段2：（交流讨论）如果你是技术人员，针对酸性干电池存在的问题，你有什么改进建议吗？

学生A："胀气漏液问题主要是因为Zn和NH_4Cl溶液接触，是否可以把NH_4Cl溶液替换成碱性或中性溶液？"

学生B："我也同意换成碱性或中性溶液。我还建议不用Zn做电池外壳，因为Zn是反应物，逐渐消耗，所以会破裂、会漏液；建议外壳用电极材料，不是电极反应物，Zn放在电池中间，解决漏液问题。"

学生C："Zn既是电极反应物又是电极材料，所以Zn只能用一部分。如果把Zn做成粉，另外用铜针或碳棒做电极材料，这样可以增大接触面积，使反应充分进行，增大电池电流。"

学生D："我认为还可以把它做成充电电池。应用电解原理，充电一段时间后应该能恢复，可我困惑的是：为什么生活中的锌锰干电池都不能充电？"

……

活动片段3：成果展示分享环节。

学生E："我们小组对比了多种方式，发现$Mg-C-H_2SO_4$串联的效果最好，也达到了充电宝的电流、电压要求。但氢气一直是一个难解决的问题，产生的氢气呛人，电流也不能持续，遇到这样的问题，我十分烦躁，甚至冒出了放弃的念头。幸好我们组员机智，查资料发现可以用二氧化锰把氢气反应掉，一下子豁然开朗了。加了二氧化锰层后，虽然不呛人了，可还是有气体冒出。后来我们改进成了现在的模型，出来的气体比较少，效果也不错。我们后来发现这个模型的负极是Mg，正极应该是MnO_2，不是稀硫酸了，稀硫酸主要做离子导体，相当于我们的电极反应换了。（见图5-4）

"我们试过了，用这个电池给小风扇供电，至少可以持续3个多小时。我们中午开始实验，下午每个课间都来看，小风扇一直转，直到放学都没停，我们只好结束实验。用这套装置我们组也试着给手机充电，手机上有正在充电的显示，虽然好久都没有充满，但是还是觉得挺骄傲的，这也算是成功的一大步吧！（见图5-5）

"我非常喜欢这样的教学方式，它教会了我做事要先有目标；要根据实际情况做出调整，不能太死板；有了新的想法就大胆做，不放弃；团队的协作与老师的指导必不可少。"

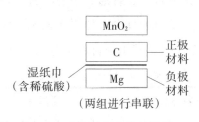

图5-4 小组自制电池结构图

图5-5 用自制电池给手机充电

后 记

HOUJI

项目学习作为一种教学方法，其核心在于通过解决实际问题，通过亲身体验促进学生对知识的深入理解和应用。这种方法不仅整合了学习情境、学习内容、学习方法和学习资源，而且强调了教育与生活的紧密联系。项目学习鼓励学生在实践中学习，促进知行合一，这是其最大的优势。

《中共中央　国务院关于深化教育教学改革全面提高义务教育质量的意见》（2019年）以及教育部最新修订的义务教育、普通高中各学科课程标准都提出了项目学习的理念，如语文强调"学习任务群"，物理提倡"基于项目的学习"，化学鼓励"主题性实践活动和项目式学习活动"等。项目学习与国家课程教学改革的方向高度契合。然而，在实际的教学实践中，项目学习也面临着一些挑战。例如，如何正确理解项目学习的本质，如何与传统教学方法相结合，如何有效实施项目学习，以及如何聚焦核心知识避免表面化、形式化的探究等，这些问题都需要我们在实践中不断探索和解决。

本套"项目学习进行时"丛书从语文、数学、英语、物理、生物学、化学、地理等多个学科的角度出发，将项目学习的理念落实到课堂，转化为可操作的教学实践。我们希望通过这套丛书，为教师提供深入理解项目学习的机会，并在教学内容、实施策略、教学行为、评估等方面提供专业的指导和建议。

课程教学是中小学办学的主阵地、主渠道，课程中的综合与分科、知识化与情境化，教学中的师生关系问题等，一直是各个时期论争与实践的焦点。我们清醒地认识到，项目学习在实施过程中仍然存在许多需要我们关注和思考的问题。本丛书的编写过程，是一次教育理念、学科内容的交流与碰撞，我们感谢所有参与的作者团队，他们从各自学科的角度出发，对项目学习进行了深入的探索和研究，为学科层面转变课程观念、变革课堂教学提供了大量可资借鉴的经验。

"道阻且长，行则将至；行而不辍，未来可期。"我们希望这套丛书能够为读者带来新的视角和启发，也期待读者和同行们能够提出宝贵意见和建议，共同推动项目学习在中国基础教育领域落地生根、枝繁叶茂，促进教育教学的高质量发展。

蔡　可

2024 年 5 月